股息流

跟著Ryan爸爸穩健存股，你也可以存破千萬

Ryan爸爸———著

數學教師的千萬存股策略大公開

| 推薦序 |
輕鬆學會
穩中求勝的投資之法

首先恭喜 Ryan 爸爸的第一本財經書出版啦！

還記得小車是從 2023 年底時開始從 FB 粉專涉足 IG，有別於 FB 以撰文為主的分享形式，IG 則是以圖文、短影音為主的自媒體平台。

初進 IG 世界的小車彷彿劉姥姥走進大觀園一般，各類主題多樣化的呈現方式，讓只會敲鍵盤寫文章的我嘆為觀止。而在眾多理財 IG 創作者中，「Ryan 爸爸理財誌」是我一開始便選擇追蹤的對象。

其一，Ryan 爸爸清爽可愛的貼文風格，總是能將要訴說的主題用少少幾張圖文清楚呈現；其二，Ryan 爸爸的 IG 曾被盜走，後來重開新帳號，僅用短短兩年的時間便東山再起，吸引 3.1 萬的 IG 粉絲追蹤（小車經營了半年只有 3608 人），

可見其貼文必定有滿滿的乾貨，才能迅速聚集人氣；其三，Ryan 爸爸是老師，傳道、授業、解惑是日常，因此他的分享方式也會讓旁人更易於理解。

Ryan 爸爸在 IG 時常介紹投資理財書籍、理財知識、投資心法以及每個月存股操作的記錄與反思，圖文並茂、言簡意賅，即使是不愛看太多文字的朋友也能輕鬆理解，非常適合新手入門。如今，Ryan 爸爸將十多年來存股的歷程、反思與成長集結成這本著作出版，想必對「價值選股」、「ETF」投資有興趣的朋友來說，是一大福音。

本書共分七章，Ryan 爸爸談起了自己的人生故事、正確的投資理財思想，並分享自己挑選個股與買賣策略、存股心態，以及開戶、買股票與投資 ETF 的基礎知識。

其中，我覺得特別珍貴的是他除了分享自己投資翻倍的成功經驗外，也列出一些沒有即時停損而導致虧損慘重的失敗檢討。這類投資的實戰經驗分享，對於我們來說是盞明燈，能指引讀者在投資路上少走一些冤枉路。

此外，小車也喜歡書中舉例的小故事，如：以 LTCM 的

崛起到倒閉的事例，說明投資有時會聰明反被聰明誤、南海狂潮的傾覆提醒大家投資不要被貪婪矇蔽雙眼……等，讓嚴肅的議題有了更輕鬆的理解方式。

Ryan 爸爸的投資歷程和想法也與小車不謀而合，諸如從個股到 ETF、從台股到美股，也認為每個人的股票配置不盡相同，領息型與市值型標的搭配比例要符合自己的個性與需求……等，閱讀過程中有不少地方令我點頭如搗蒜。

如果你也喜歡當股東，想在工作之餘打造第二個賺錢分身，嚮往長期持有、穩中求勝的投資之法，趕緊翻開這本書取經吧！

小車 X 存股實驗
《給存股族的 ETF 實驗筆記》作者

| 推薦序 |

我在 2016 年底出版個人第一本存股書—《流浪教師存零股存到 3000 萬》後不久，Ryan 爸爸就透過臉書和我聯繫，邀請我到他任教的學校演講，後來每學期也都會到學校分享，我和他一見如故，從此成為教學相長的好友。

Ryan 爸爸和我一樣，從小在家中長輩炒股票的耳濡目染之下，心中對股票這種投資工具產生非常多的好奇心，後來又因為長輩賠錢居多，也讓我們對股市產生敬畏之心，但更多的想法是：「如果是我們自己操作股票做投資，一定可以做得更好，而且肯定能賺很多錢」。

剛初入股市總是能賺點小錢，但最後的結果卻不是幸福美滿，因為當時能賺到錢，90% 以上是靠運氣，股市行情好誰都能賺，風大的時候連豬都飛，直到遇到金融海嘯，我們才知道，原來「股票是會跌的」，也才知道為什麼以前長輩能在股市中賠這麼多錢。

股神華倫巴菲特有一個對於投資的妙喻：「如果你的智商 160，可以賣掉其中的 30，因為你並不需要。」單純高智商是無法讓一般人變成厲害的投資人的。

如果你在維基百科中搜尋「股票」一詞，它的定義是「股票是一種有價證券，股份有限公司將其所有權，藉由股票進行分配，公司需要籌措長期資金，因此將股票發給投資者，作為公司資本的部分所有權憑證，成為股東，以此獲得股利，並分享公司長期成長」。

也就是說，買進股票就是擁有公司，讓公司的經營團隊幫我們股東賺錢，我個人已經存股（長期投資）超過 20 年，如今每年的股息就比以前上班的薪水還要高出好幾倍，這就是「長期投資」的魅力。

在投資股票領域，每個人都有自己的故事，不論失敗的經驗，或者後來享受成功的果實，Ryan 爸爸這本書將自己在股市的故事與經驗分享給大家，有心理層面的，也有許多投資人應該要懂得的理財知識與股票投資的實務面，就像「達克效應」中從新手級到大師級的過程，一開始你以為你什麼都知道，然後知道自己並不知道，到最後知道自己知道。

　　書中對於熱門的 ETF、金融股、台積電、股市崩盤、甚至借券、節稅……等等主題都有詳細的分析，適合股市新手或者在股市多年還賺不到錢的投資老手閱讀，華倫老師在此推薦 Ryan 爸爸的第一本財經書《股息流》給大家，並祝福大家投資順利。

華倫老師
《流浪教師存零股存到 3000 萬》作者

| 作者序 |

〜〜〜〜〜〜〜〜〜〜〜〜〜〜〜〜〜〜〜〜〜〜〜〜〜〜〜〜〜〜

　　筆者撰寫此書之際，恰逢台股大盤指數創下歷史高點24390點，接著在7月份下殺超過4000點的劇烈震盪。這是所有投資朋友與我都正在經歷的奇幻歷險。2024上半年大家紛紛歡欣鼓舞，但我的資產卻沒有什麼大幅的增長……說來慚愧，從前幾年的航海王浪潮，到近年的AI爆發年，許多股民都賺得滿缽滿盆，但老實說我都沒有怎麼搭上車，只靠著少數一、兩檔個股跟市值型ETF勉強吃到一點肉沫，沒有賺到上億資產還能厚著臉皮寫書，能分享的大概就是一路走來，要怎麼在股市裡「長期存活」吧！

　　我本身工作是教職，對數字很有熱情，也熱愛投資理財。有誰不喜歡錢呢？但隨著自己受到市場無數次的洗禮，卻沒被「洗」出場也實屬萬幸。雖然我跟飆股沒有什麼緣份，這一路上也受到許多投資前輩的指點啟發，就是讓我能夠持續在股市裡悠然前行的最大收穫。像是華倫老師、謝士英老師、陳重銘老師、股海老牛等投資前輩，無論是當面請益或者透過拜讀書籍，都讓我獲益良多，得到許多啟發。

　　與我年紀相仿的優秀投資人也很多，像是小資女艾蜜莉、大俠武林、孫悟天，或是人氣暢銷作家小車，我都拜讀過每本著作，也都是我的學習對象。透過向更優秀的人學習，才能變得更優秀，並且發掘自己的不足之處，更重要的是我也逐漸找到屬於自己的一套投資哲學，進而發展出適合自己的投資策略，在股海中找到安身立命的方式，也藉由持續堅持，來達到財務自由的目標。

　　我有個長年累積的習慣，覺得很值得與大家分享，那就是「閱讀」。古今中外大部份投資大師的相關書籍我幾乎都有拜讀過，也從這麼多經典著作中，找到投資的方向，並且在自我實踐中修正錯誤、繼續前進。

　　從我剛開始出社會教書，到邁入不惑之年，我的股息一路從幾萬元成長到今年的百萬元，想來也是感到些許欣慰。存股領息不見得適合每位朋友，但肯定適合絕大多數的年輕小資族與退休人士，因為定期領到現金流的功能之強大，那股安心的踏實感受，真的難以用言語形容。

　　我知道有些人對於存股領息有一些誤解，覺得領股息會拖累資產累積的速度。因此我尋找的股票，都是期待股息與

獲利能逐步成長的「雙贏股」，不僅每年越發越多，股價也是逐漸攀揚。真的有這種股票嗎？還真的有！發現價值股，這也是價值投資者最有成就感的時刻！

在這個 AI 大爆發時代，我們的思維也要跟著轉變，雖然巴菲特曾說過：「科技能為人民帶來便利，但未必能讓股東帶來財富。」所以以前我對科技股總是避之唯恐不及。但在閱讀了《科技股的價值投資》等書籍之後，我認為這次的 AI 革命能為科技公司帶來實質的獲利，那麼「存」科技股的龍頭也會是我的方向。要存，就存最屬害的。

希望喜歡存股領息，又想要同時兼具財富增長的讀者，能透過我的經驗分享，幫助你往正確的路上前進。正所謂「方向比努力重要」，雖然看似財富累積速度比較慢，但是就如同龜兔賽跑中，我願意當那隻烏龜。

能夠解鎖「出書」這個人生成就，實屬感恩。原本沒有打算接下這個苦差事，但一想到以後能跟自己的孩子說：「你看，這是爸爸寫的書！」就突然覺得好像很有意義。

很感謝我的父母、保母一家人的全力支持，前輩同事豪

哥帶著我開證券戶，開啟我的投資路，更感謝許多投資前輩及朋友們的提攜與指點。非常感恩許多出版社的厚愛，常與我分享優良的書籍，也特別感謝橙實文化的編輯小芬，因為有大家的鼓勵，我才有動力著手寫這本書，也對所有朋友們致上萬分的謝意。

我是 RYAN 爸爸，讓我們一起理財也理心，一起學習成長。

RYAN 爸爸

2024.7.30

目錄

│第一章│ 我的投資成長之路

│第二章│ 投資前該有的正確心態

|第六章| 投資策略與賣出原則

|第七章| 存股人生的致富心法

股息流

第一章

我的投資
成長之路

我的成長背景

　　我出生在普通的家庭，由於爺爺務農的關係，家庭對於金錢的觀念就是傳統的勤儉和儲蓄。也因為我父母都是教職，較為保守的理財觀念也讓我起步較晚，只知道要存錢才會「變有錢」。小學的時候一天的零用錢是 50 元，我印象很深刻的是，當時牛肉麵一碗剛好也是 50 元，每週五晚上媽媽就會帶著我去買牛肉麵，然後回家一邊吃麵、一邊看電視機播著我最喜歡的「百戰天龍」影集，真的是小時候難忘的快樂回憶。

　　父親經歷過早年的股市洗禮，在我小時候常告誡我，千萬不要碰股票。我到現在都還記得在我 10 歲的時候，曾在全家人面前鄭重地發誓，說我這輩子絕對不玩股票，現在回想起來也不禁莞爾。

　　我的求學經歷也還算順遂，求學過程中成績都不錯，原本父親期望我當醫生，但我受當時高中導師的影響，不知腦

子是撞壞還是進水，硬是和父親唱反調，打死不填醫學系與頂尖大學的熱門工科，哪怕分數夠，我還是把師大填在了前面，也因此跟父親鬧彆扭了好一陣子。事後回想，其實我選擇教師這樣細水長流的工作，才有時間陪伴家人，也可以利用空檔學習自己感興趣的事物，而「穩健持續」的教職工作，也與我長期投資存股的方式互相呼應，彷彿是上帝安排好的一樣。

上大學後，看著同學紛紛接家教打工賺錢，我覺得也該靠自己了吧！便著手開始家教的打工生活，最高紀錄一週上家教 5 天，每個月大概有 1 ～ 2 萬元的收入，在當時對我來說是很有成就感的事情，也讓我在大學 4 年存了將近 20 萬元。

畢業後原本打算留在北部教書，但幾經思考決定還是返鄉工作，協助照料年邁的爺爺，也可以住在家裡節省房租。這一個決定是我人生中重要的契機，也在我的努力下幸運地考取了在家鄉的學校，得以返鄉服務學子。

初入股海的熱血青年

　　我出社會踏入教職的第一年，剛好遇到震驚全世界的金融海嘯。

　　當時只覺得身旁的同事個個表情凝重，辦公室籠罩著一股說不上原因的低氣壓，事後才明白原來大家或多或少都賠了錢，只是沒說出口。

　　父親也沒躲過這次股災，據他描述在次級房貸風暴之前，各種基金推銷風氣之盛，前所未見！每天各家金融業務員進出公司就好像在進自家廚房一樣。由於同事大多都有入手，父親也投入了一部份的資金。幸虧他生性保守沒有重壓，因此虧損不多，但也讓他對投資感到失望，也難怪會諄諄告誡我不要玩股票。

　　但好奇心真的會殺死一隻貓。過了一段時間景氣回溫，新聞媒體又開始爭相報導哪檔股票漲了多少、哪家公司旺到某年某月……年輕氣盛的我，覺得股票有什麼難的？不就低

買高賣嗎？我可是數學系畢業的耶！不過就是一些數字計算，怎麼難得倒我？所以年輕人終究就是年輕人啊！

被這種金錢遊戲氛圍給洗腦後，我開始研究技術線圖、籌碼……但因為收入也不算很高，所以也都只敢買一、兩張試試手氣。人家說股市有新手運，還真的有！

我第一次以 18 元的價格買進微星（2377）三張，結果一路下跌至 15 元，我跟幾個同事唉聲嘆氣的還組成了微星受災戶群組一起取暖。結果過沒多久微星就飆漲至 30 元，我高興極了，立刻賣出獲利了結，大概賺了 3 萬多元。當時自以為很屌、很聰明，現在回頭看微星股價已經不知道翻了十幾倍……回想起來還真的是感慨不已，「靠運氣贏來的，也會靠運氣輸光」。

沉迷股海踢鐵板

我也有過許多慘賠的例子，想當年宏碁（2353）一路從 120 元腰斬至 60 元，一聽到公司配發 3 元現金股利，我掐指一算發現居然有 5% 的現金殖利率！宏碁這麼大的公司股價都腰斬了，不可能再跌到哪裡去吧？於是在 60 元買了一張、50 元再買一張、40 元又再買一張……結果如何想必大家都知道了。

因當時的執行長蘭奇跳槽，加上庫存控制出問題，種種經營策略都失敗的情形下，宏碁股價一路繼續腰斬滑落至 15 元，我也只好黯然停損出場。這次教訓讓我賠了 10 多萬元，對我來說是好幾個月的薪水，讓我大受打擊。但也讓我學到了寶貴的第一課：

「買股票千萬不能只看殖利率。」

沉寂十多年，近來因為受惠 AI PC 熱潮，宏碁股價又拉了上來，回想當年的慘痛經驗到現在也只能感嘆科技股的變

幻莫測，實在非我能力所及。

　　另一個跟風的例子，就是當年的亞洲機殼霸主可成（2474），我當時已經賠過一筆錢，但實在心有不甘，還掏錢去上了許多投資課。當時某個達人在課堂上強力吹捧可成有多好、前景一片光明，我大手一揮直接在股價 300 元的時候買了一張，30 萬對我來說可不是小數目！

　　後來可成確實漲到了 380 元，此時外資紛紛調高目標價，上看 500 元的預測比比皆是，我也因此得意忘形，心想沒到目標價絕對不賣！但後來的事大家都猜到了……

　　因為蘋果公司扶持其他機殼廠，導致可成訂單大幅流失，客戶又太過集中，股價最低跌至 150 元，至今仍無法重返當年 300 元以上的榮耀……

　　我在這次教訓裡賠了超過 10 萬元，心痛之餘也學到了第二課：

　　「不要太聽信外資的目標價。」

　　我在股海陸續尋找適合的標的，例如皇田、弘帆……都在理財達人介紹或者財經雜誌的報導下買進，但因為心態始終不正確，對不了解的公司也抱不住，兩、三年下來除了存了一些金融股，始終沒什麼太大進展，心灰意冷之際決定暫

時不再投入股市，好好存錢就好。

年金改革敲醒自己

當初放棄高收入的科技業而選擇教職工作，除了對教學工作有所嚮往，也對於教職退休金的制度感到滿意。但誰知才踏入教育圈沒幾年，政府便大刀闊斧的推動軍公教年金改革，「多繳、少領、延後退」等奪命金牌一道接著一道，眼看著自己當初打的如意算盤可能不響，那陣子心情還真的有些低落，覺得自己是不是選錯了職業。客觀的說，「退休的契約」是政府當年的承諾，怎麼可以失信於民？又或者將教職人員污名化而置之不理？在憤慨之餘，我在自己的臉書上抒發心情，甚至引來不是教職的朋友來辯論，最後鬧得兩方不愉快，實在是得不償失。在經過幾個月的沉澱後，我突然醒悟，與其擔心退休後領不到退休金，我為什麼不靠自己創造退休金？也於是展開了我的存股投資之路。

結識投資大師，
開啟長期投資之路

　　但我也有幸運的一面，就是我初入股市時，在網路上看見人稱「巴大」的巴小智的部落格，他的文章及觀念讓我深受影響，「長期投資」的種子在這時候便開始萌芽，也在當時買進了一些仁寶及合庫金作為「存股」。事後回想起來，巴大才是真正看透投資真諦的前輩。

　　我常在書局的投資理財專區徘徊，閱讀各種吸引我的書籍。我對技術籌碼沒有信心，也因為受到巴小智的影響，我比較偏好長期投資及存股的方式。像當年的不敗教主、小資女愛蜜莉……國內的投資理財書籍，我大概閱讀超過 30 本以上，但最觸動我的是華倫老師的《流浪教師存零股存到三千萬》，內容讓我十分有共鳴，最後居然站在原地把書看完，還直接買回家。

也因為這樣的「巧遇」，我在臉書上主動聯繫華倫老師，邀請他來演講，因此結識了這樣一位樸實的前輩，從華倫老師身上我學到非常多有用的投資心法及研究方式，也讓我在投資路上逐漸有一個穩固的投資哲學，不再輕易受到新聞媒體的影響。我與華倫老師也成為好友，每年都會定期見面互相關心。

我的另一位啟蒙老師是學校的教職前輩，他帶領我開了第一個證券戶，教導我怎麼買進金融股，並且堅持不懈地存了 10 多年，如今已經是好幾千張金融股的超級大戶。

前幾年有次在電梯門口看見同社區大樓的住戶阿姨，旁邊站著一位相當面熟的長者，在搭乘電梯的短短幾秒鐘裡我突然想起來，這不是《我 45 歲存股，年領股息 200 萬》的作者謝士英老師嗎？連忙跟他相認，並邀請他到家裡喝咖啡聊投資，這段有趣的插曲也讓我多結識了一位存股大前輩。

謝士英老師的獨特存股觀念、豐富的學養再加上幽默的談吐，說是暢聊不如說是向大前輩學習數十年的存股經驗。在投資界能夠認識這些前輩們，何其幸運！

認真儲蓄奠定基礎

我從小跟爺爺住在一起，務農的爺爺非常勤儉，一餐花費不超過 50 元。猶記得爺爺還在世時，某次我買了一個 60 元的便當給他，爺爺還說「怎麼這麼貴？」爺爺那個年代的物價跟我們生長的年代是截然不同的，滷蛋一顆才 2 元，也難怪會不適應這個年代的物價。在爺爺與父母親的言傳身教下，讓我養成了儲蓄的好習慣。我除了認真工作、努力接下任何能上的課之外，也認真存下每一分錢，每個月幾乎都能存下近 8 成的收入，奠下了我日後投資的基礎。

接觸股神巴菲特等大師智慧

因為結識了上述的前輩們之故，我接觸了「股神」巴菲特的書籍，一頭栽進這個浩瀚的投資閱讀世界，盡情的瀏覽學習各個投資大師的智慧。我閱讀了巴菲特的《巴菲特寫給股東的信》、《巴菲特的勝券在握之道》、《雪球—巴菲特傳》……等，只要是有關巴菲特的書籍，我全部都會買回家細細品讀。除此之外，像是班傑明·葛拉漢的《智慧型股票投資人》、約翰·聶夫的《約翰聶夫談投資》、彼得·林區的《選股戰略》三部曲、查理蒙格的《窮查理的普通常識》

以及《蒙格之道》、霍華‧馬克斯的《投資最重要的事》、《掌握市場週期》、飛利浦‧費雪的《非常潛力股》等書。

許多的經典著作，在我越讀越起勁之下，也紛紛納入我的藏書庫中。其實我不僅是閱讀投資理財相關書籍，也喜愛閱讀傳記類型的書籍，除了《巴菲特傳》，還讀過《鋼鐵人—馬斯克》、《查理蒙格傳》、《貝佐斯傳記》、《賈伯斯傳記》等等。

何其幸運能在這個世代，讀到許多投資大師與英雄前輩的寶貴經驗著作，這些知識與觀念逐漸烙印在我腦海中，為我奠定日後穩健的心態。

我也逐漸感覺到，長期投資似乎有一種先輸後贏的逆轉勝感覺，就像高中數學的指數函數圖形，雖然 1.1 的次方起初數值很低，但隨著次方越多、時間越長，後面的上升幅度之驚人，超乎想像。

因此我選擇了所謂的「價值投資」，並長期持有好公司的策略，想徹底學習巴菲特與蒙格的投資風格。雖然我只是個普通人，但至少我已經知道自己適合什麼樣的方式，可以讓自己在複利的累積與喜悅中堅持下去。

投資飛輪效應逐漸發酵

　　起初我買了不少金融股，但因為生性保守，大部分的資金都放在定存。後來受華倫老師的啟發，我開始買進一些民生消費必需以及體質穩健的公司，例如崑鼎、中華食、德麥、櫻花、卜蜂、神基等股票。其中某些股票在這 7、8 年也呈現翻倍的趨勢，股息收入也逐年上升，近年因股息扣抵稅額已經逐漸逼近上限，我也開始轉往 ETF 投資，截至 2024 年為止，我的股息預估將突破百萬元的關卡，這是值得給自己一點鼓勵。

　　我知道美股的表現也非常亮眼，因此我在 2023 年末也開始投入美股的 ETF，一方面考慮股息扣抵稅額用盡的問題，一方面也想與美國企業共享成長，畢竟美國仍是全球最強大的經濟體，參與正確的市場也是相當重要的一個方向。

　　我的目標是年領 300 萬股息，按照 72 法則推算時間，

我還有 15 ～ 20 年可以存股複利，用 7% 的報酬率去試算，股息要翻 3 倍好像也不是不可能？我也許能在 60 歲之前就達到這個目標，屆時也不用擔心政府會不會砍退休金了。

回顧我的 16 年投資歷史，從聽信明牌的菜鳥期，到自己胡亂研究的撞牆期，再到開始會看年報、參加股東會、關看法說會影片，甚至寫信到公司詢問的成熟期。雖然也是有看走眼的時刻，但我逐漸建立起自己的一套投資哲學，也對股海的震盪越來越無感，反而越發有種平靜之感，我想這也是經過時間累積的收穫。

隨著投資時間與經驗漸增，我逐漸體悟所謂的「基本面」、「技術面」、「籌碼面」其實並沒有那麼的壁壘分明，而是有先行後到的互補功能。我逐漸不再那麼固執，也開始接受市場的存在，就是一種「不確定」的變動感受。要在不確定的市場中，尋找到比較穩定不變的投資標的，或是在變幻莫測的市場裡跟上大趨勢選到飆股，也必須要有足夠的洞察力與敏銳度，下足功夫才有辦法得到滿意的報酬。

在這個大通膨時代，我們的錢放在銀行恐怕只會不斷的減損購買力，因此投資理財成為眾人朗朗上口的名詞，但真

正成功的人仍為少數。因為人性總是在貪婪與恐懼之間來回擺盪，恐懼時大家紛紛跳船離場，而市場一片樂觀時才又紛紛加入這場金錢遊戲，回顧金融歷史就會發現「雖然不會重演，但卻高度的相似。」

不惑之年的體悟

今年剛好邁入不惑之年，我也逐漸領悟了以下幾個重要道理。

一、對金錢的器度

金錢是工具，不是綁架自己心智的壞東西。小時候會有點討厭有錢人，但長大以後才意識到自己的觀念不正確。不是錦衣玉食、名車代步就叫做富有，真正富有的人都很善良，並且慷慨助人、與人為善。我們要向這一種富人學習，心的器度與錢的器度要夠大，你才容納得下夠多的財富。

二、養成閱讀的習慣

許多偉大傑出的成功人士都有閱讀習慣。閱讀經典著作等於站在巨人的肩膀上，吸取前人的智慧結晶，加速進化自己的腦袋；若能輸出加以活用，形成一個推動自己的飛輪效應，會讓自己不斷向上提升。

三、儲蓄為主，投資為輔

致富公式不是什麼祕密，就是「**財富＝儲蓄＋合理投資 ＋時間複利**」。在狄更斯的《塊肉餘生記》裡提到：「年收入 20 鎊，年支出 19 鎊 19 先令 6 便士，結果是幸福；年收入 20 鎊，年支出 20 鎊 6 便士，結果是悲慘。」

這段話寫於 1849 年，但時至今日我認為依舊有效，未來也永遠都是如此。

想辦法讓收入大於支出，最簡單的方法就是先將收入中關於「儲蓄」的部份存下來，不要為了不必要的花費而揹上債務。透過合理的投資，獲取合理的報酬率，穩健中求進步，同時也讓心靈層面一起富足。

四、了解複利的威力

雖說投資為輔助，但是如果能儘早開始投資，時間複利會帶你到達意想不到的境界。只要投資正確的標的，年化報酬率 8% 絕對不會是夢，存到幾千萬也絕對不是空談！我認識複利的年紀並不早，但我都可以做得到，我相信讀者朋友們一定也可以。

五、保持學習的熱情

知名的日本銀髮科技教母若宮正子，她從 60 歲學上網、

75 歲學鋼琴、80 歲學程式設計、81 歲開發遊戲程式、82 歲環遊世界。後來也出版了多本精彩著作。

她 2014 年參加「TED × 東京」論壇,用英文發表演說;

2017 年獲蘋果 CEO 庫克邀見,參加 App 設計者大會;

2018 年以「高齡化社會與活用數位技術」為題,在聯合國演講。

學習,沒有年紀的限制。只要你越學越有熱情,那就充滿意義。人不需要退休,只要做著對自己有意義的事情,我相信我們會越活越健康。

六、不要自我設限

不要覺得現在薪水低就躺平,不要覺得存不到錢就當月光族,活在當下沒有錯,但是你要能夠創造並把握自我提升的機會。我認為這個觀念緊扣著前面幾個觀念。

只要你願意,你也可以跟我一樣年領百萬,甚至超越我更多。前提是你要找到你的熱情之所在,你的專業之所在,並且修煉到極致。因此,學習才能夠讓自己突破極限,不設限也讓自己更有動力繼續學習,形成另一個飛輪效應。

也因為身為父親,覺得陪伴家人和孩子才是生活的意義,因此現在投資也逐漸簡化,還記得某年在學校會議上,

有位應屆退休老師如此說道：「人生就如開車，起初雙手緊抓方向盤不放，但隨著時間會逐漸鬆開手，最後用兩根指頭輕輕控制就能平穩的駕駛。」突然覺得好有感觸！當我們投資方向對了，資產配置也對了，剩下的就只需要微調，就能往目的地持續前進。

2024 年恰逢 AI 爆發多頭年，許多股神紛紛橫空出世。雖然我沒有搭上航海的大船，沒有跟上 AI 的科技浪潮，但我確定我仍然在對的道路上。每個階段都有風光一時的產業，或許我們也可以參與其中，但請小心高度成長必定帶來高度競爭，沒有誰可以一直贏到最後。審慎的思考自己的投資，切勿盲目的跟風當前最熱門的股票，你會逐漸體會股市的奇妙之處。

「成功的道路上並不擁擠，因為堅持的人不多。」

長期投資存股不見得適合每個人，但如果你跟我一樣沒有敏銳的洞察力和快速反應的判讀能力，覺得自己不適合短線投資，認同慢慢來比較好，那不妨靜下心來，跟著我一起踏入股市這個有趣但需要耐性與堅持的世界。

股息流

第二章

投資前該有的
正確心態

投資是為了對抗通膨

　　大家應該都知道現在一杯珍奶多少錢吧？學校社團課在期末時，都流行訂雞排跟珍奶來慶祝，有同學就會嘀咕「好貴」。確實，比起我那個年代珍奶一杯只要 25 元，雞排一份 35 元，現在物價至少翻了兩倍以上。

　　下圖是 2023 年 1 月的物資價格變動狀況，其實物價通膨十分有感。

重要民生物資價格變動狀況

整體平均漲幅約5.9%，雞蛋價格漲幅最高，年增率達16.6%

項目	2023年1月物價指數	前一年同期
雞蛋	133.1	16.6% ↑
沙拉油	117.8	14.2% ↑
豬肉	109.0	7.6% ↑
麵包	110.6	7.2% ↑

資料來源：行政院主計總處
備註：核心消費物價不列入蔬果及能源價格

政府說我們每年的消費者物價指數（CPI）約為 3%，但實際攤開細項一看，可把大家嚇死了……不要說現在手搖飲一杯接近百元，幾年後一杯 200 元的珍珠奶茶也不足為奇了吧！我們再來看一張統計至 2022 年的資料：

2022 各縣市平均每人每月支出

名次	縣市	平均月花費
第一名	台北市	33,730
第二名	新竹市	29,495
第三名	台中市	25,666
最後一名	彰化縣	18,084

資料來源：行政院主計總處家庭收支調查

根據 2022 年主計處統計，各縣市的每月最低生活消費以台北市的 33,730 元居冠，而彰化縣則以 18,084 元敬陪末座。但我長年在彰化生活，怎麼算都不覺得每個月的開銷只有這樣，而且這部分可能還不含退休後的健保、醫療和看護

費用呢！因此為自己打造「生財資產」，是非常迫切需要的，而且是越早開始越好。

　　如果按照通膨率的不同，我們購買力減半的時間是多久呢？請看下表：

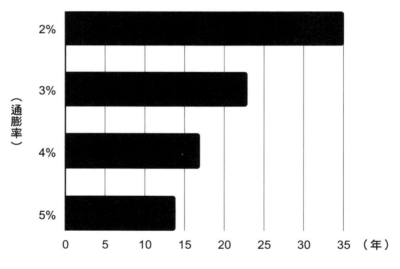

圖：物價翻倍與通膨率的時間計算

　　若以 3% 的 CPI 來計算，現在的 100 萬再過 23 年後就會等同於 50 萬的價值，這也是讓人很擔憂的事情。因此，投資的最大目的就是「對抗通膨」，保有等值的消費能力，並且有充沛的現金流可以不斷的複利成長。

　　財富累積有三個重要的因子：本金、報酬率與時間。而其中「時間」也是最強大的武器，因此對年輕朋友來說，充實自己的專業技能來提升本業收入，同時儘早開始投入股市，對你來說絕對是好事情。

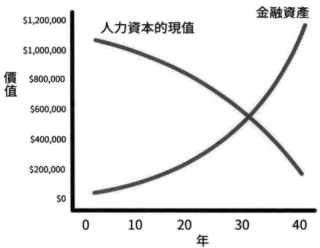

隨著年齡增長，你的金融資產應該取代你的人力資產

資料出處：持續買進(Just Keep Buying),Nick Maggiulli ,2023

　　年輕的時候體力十足，從早工作到晚都不覺得疲倦，但我們都會老去，當我們的人力資本逐漸下滑的時候，就必須要用生財資產來彌補，甚至讓我們能游刃有餘地度過退休生活。因此儘早開始、持續投入是非常重要的事情，上頁圖表

顯示我們必須儘早累積金融資產。

找到屬於自己的投資模版

　　雖然說投資越早開始越好，但許多人總是以賠錢收場，要不是退出股市，就是原地踏步。因為很多人以為股票市場是可以輕鬆進來撈錢的，但實際上長期有賺到錢的人並不多。聰明如你請動腦想想，要是大家都賺錢，這些錢是誰賠的呢？

　　巴菲特曾用打橋牌當作比喻：「如果你在牌桌上 5 分鐘，還沒有發現誰是笨蛋，那麼你就是那個笨蛋。」這個妙喻實在是貼切至極。理解投資市場的規則，並且對市場抱持敬畏之心，是我們要先擁有的觀念。

　　投資方法百百種，有基本面、技術面、籌碼面、消息面……等，尋找適合自己的投資方式，是通往財富自由的關鍵。我閱讀了許多國內外的投資書籍，能名留青史的投資大師如葛拉漢、彼得林區、巴菲特、查理蒙格、約翰聶夫、帕布萊……大多都以基本面為主並搭配資產配置，形成攻守兼備的投資組合，讓我心神嚮往，也因此決定要進入價值投資

的世界。

　　其實我們有許多值得學習仿效的投資前輩，以我存股長期投資為例，像是華倫老師、謝士英老師、陳重銘老師等人，都是我的投資「模版」。未必都要跟他們完全相同，但有一個學習的榜樣，真的會讓自己更有動力、也更想堅持下去。

當股東的心態

要進入股市,需要的不是超高的智商,而是建立良好的投資心態。

葛拉漢如此描述股市:「市場先生是個情緒起伏不定的人,有時候心情好就給你一個很漂亮的報價,但有時心情不好,就給你一個很糟糕的報價。」

他更描述股市:「短期像投票機,長期更像是體重機。」意指公司很容易受消息炒作而暴漲暴跌,但最後仍然會回歸基本面。

要想要在股市裡穩穩獲利,你必須體認到以下投資大師說過的話:

1. **市場先生是來服務你的,不是來指導你的。**

2. **股票市場的錢會流向有耐心的人的口袋裡。**

3. **股價最終會跟隨盈餘。**

　　近年來台股每幾年就會有一波大行情，先是 2020 ～ 2021 年的大航海時代，再到 2023 ～ 2024 年的 AI 崛起，總是會有許多「少年股神」、「中年股神」誕生。

　　看著這些人賺大錢，我們心裡也是好生羨慕，但因為羨慕，我們很可能掉入所謂的心理偏誤陷阱之中，跟風不見得是好事情。以下羅列幾種常見的心理偏誤：

一、存活者偏誤：

　　只有活下來的人才有機會被聽見。這些股神爆賺的背後，有多少散戶賠錢墊背？恐怕只有廣大的股民自己才會知道了。許多跟單的人最後不是只吃到一點肉末，不然就是追高套牢，安慰自己當做存股等。

二、確認偏誤：

　　越是有商機的地方，往往也是競爭者爭相前往的紅海。科技創新初期，股價必定會上漲，但是當股價不斷上漲，我們會誤以為樹真的能長到天上去，腦中只會反射性地接收關於有利於投資該項目的資訊，而會自動忽略那些反面訊息及風險訊號。

三、過度自信偏誤：

買進會飆漲的股票是好事情，代表我們有機會獲得絕佳報酬。但是過度自信很可能會讓自己錯過最佳賣點，最後反而成為外資割韭菜的對象。我過去投資的可成、鮮活果汁 -KY，都是自身經歷的過度自信案例。

避免陷入不正確
的投資行為

我們投資人常見的行為有以下幾種：

一、旅鼠效應

我跟一些長輩朋友聊天，問到為什麼要買某某股票或者基金，通常最常聽到的答案就是「因為很多人都有買」。人多的地方不是不好，但一旦發生事故，也是最難逃生的地方。這個道理並不難懂，但真正能提早出場，或者忍住不進場的人不多。

二、錯失恐懼症候群

錯失恐懼症候群又稱為 FOMO 心態（Fear of missing out），在股市裡簡單說就是害怕賺不到錢而盲目的追高、害怕賠錢又盲目的認賠出場，這也是大多數散戶的通病，而外

資群也正因為能掌握散戶的心理狀態，因此常常故意放出利多消息，但趁機倒貨給散戶，壓低價格之後再吃貨，來回把你割個夠。

三、損失趨避效應

　　人的大腦先天設定會迴避不愉快的記憶，根據心理學教授丹尼爾·康納曼和阿摩司·特沃斯基提出的「展望理論」中的實驗結論指出，我們對於帳面上虧損時大腦的痛苦程度，等同於獲利兩倍左右的強烈程度。這種厭惡損失的特性，也代表我們對虧損的忍耐度很低。因此錯殺在阿呆谷是很多人都有過的經驗。

　　我在股海打滾 16 年，也嚐盡了上述幾種心態的痛苦，認為心態的建立相當重要。這邊提供五個方法給大家參考，協助自己建立起穩健的投資心態。

一、先釐清自己的投資性格

　　賺錢方式很多種，有的人天生就適合炒短線、做波段，可能勝率也不錯。但像我自認沒那種天份，也嘗試過短線投資，但都沒有好下場，所以摸著鼻子乖乖買進優質公司股票並且長抱，雖然看似緩慢，但經年累月下來也讓我累積了上

千萬的資產。不是說不能炒短線、賺快錢，但你的性格要能夠承擔這樣的風險，才有辦法長久留在市場裡。否則失敗個兩、三次，就畢業被抬出場了，最後只是白忙一場！

二、選擇適合自己的投資方式

如果你喜愛鑽研技術分析、籌碼分析，那麼短線波段肯定適合你。但你若將公司視為事業在經營，那你肯定適合基本面的投資方式，參加股東會、閱讀財報、聽取法說會資料，甚至寫信、打電話詢問管理階層，這都是我會做的事情。

三、多閱讀相關類型的投資書籍

各派別的投資都有大師級的著作，只要確立適合你的方式，那就盡情的閱讀相關主題的書籍吧！這部分我認為國外的書籍會有參考價值，尤其是經歷過幾十年洗禮的經典書籍，更是不可以錯過。

以價值投資來說，像是《智慧型股票投資人》、《巴菲特勝券在握》、《彼得林區選股戰略》、《複利的喜悅》等經典好書都值得一讀再讀。

四、做紀錄並練習逆向思考

讀了書當然要實際運用，不然也只是紙上談兵。在實踐

的過程中一定會有輸贏，好好記錄下自己會輸或贏的原因，客觀的分析，並從中學習經驗與教訓。

就像巴菲特要買進一家公司前，他會拿紙筆將為什麼要買進的理由寫下來。將腦中的想法具體用文字表達出來，除了釐清因果關係，更有助於自己的邏輯推理，也更有準則可以依循。

霍華·馬克斯在其著作《投資最重要的事》中提到所謂的「第二層思考」，我們也可以用來練習在投資上。舉例來說，聽到某某公司有利多消息，「第一層思考」想到的是：太好了！明天一定會漲價！「第二層思考」可能會想：這些訊息大家都知道了，是否有可能是短多長空？又或者這些利多消息其實不能確定？我「不投資」的損失有多少？

五、保持耐心

當遇到空頭熊市時，不妨多閱讀投資大師們的書籍，一方面轉移注意力，二來也可以增加自己的信心。以銅為鏡，可以正衣冠；以史為鏡，可以知興替。藉由熟讀金融史有助於安定自己的內心，並且相信市場總有週期循環。

　　學中做、做中學，各種技能跟專長不也都是這樣建立起來的嗎？建立起良好的投資心態，才不會讓情緒跟著股市漲跌而受影響。價值投資之父葛拉漢的名言：「股市是來服務我們，不是來影響我們的。」這段金句我一直把它貼在書桌前，在遭遇股災的時候多看幾眼，還真的能安心許多呢！

重點整理：

1. 投資是為了對抗通膨，增加消費能力。

2. 避免陷入各種投資的情緒陷阱，否則會做出錯誤判斷。

3. 多閱讀思考，找到屬於自己的投資類型。

4. 練習逆向思考，要是「不投資這個標的」會怎麼樣？

換上有錢人的腦袋

現在年輕人的平均薪資並不高，也因為存錢很困難，讓人不禁想要「躺平」，追根究柢是整個政策制度的問題。但我們改變不了制度，卻可以提升我們自己的能力。

首先我們要先換上有錢人的腦袋，要先**相信自己做得到**。像是存到一千萬、環遊世界、股息百萬……這些對小資族看似不容易的目標，相信自己做得到並不是在灌心靈雞湯，而是真的經過計算，可以透過複利累積達成目標，因此財務規劃與投資理財計畫就顯得至關重要。

想辦法提升自己的專業能力，無論是進修、讀書或考證照，或許會花上幾年時間，但是能獲取較高的薪資收入，這種投資並不吃虧。

其次，我們要學會**購買生財資產，而非負債**。

小王跟小張都各自買了一台特斯拉電動車，但小王是專

業的計程車司機。

　　而小張只是為了要交女朋友，覺得有車比較有面子。

　　對小王來說，汽車是他的生財資產，所以買得很好。

　　但對小張而言，汽車就是個負債，光是保養以及稅金就讓他多花了不少錢。

　　最後，保持不斷學習的心態。例如投資自己進修、上課，與大師交流請益，這些學習會提升你的內在或外在競爭優勢。但坊間付費課程眾多，我們也需要睜大眼睛仔細挑選，才不會被當白老鼠敲竹槓。

　　我認為最好的學習，就是「閱讀」。能夠出版書籍流傳後世暢銷再版，必定是經過時間洗禮、焠練之後的智慧結晶。閱讀大師的書籍絕對能讓我們的思維與內在提升好幾個檔次。我自己也是閱讀了許多國外的著作，才建立起健康、完整的投資心態，也從書本中學習到許多投資的核心觀念。因此，不要再猶豫，閱讀大師們的經典著作就對了！推薦書單如附錄，希望對大家有幫助。

先理財再投資

　　剛出社會的新鮮人，除了特殊高薪職業（如醫師、機師、律師、檢察官、工程師等等）之外，上班族的起薪實在是不高，月收入能達到 5 萬，就已經贏過一票人了。月薪 5 萬雖然看似不高，但若能妥善規劃並擬定自己的投資理財計劃，建立人生理財地圖，還是可以達到財富自由的境界。

　　該怎麼做呢？我會建議新鮮人按照以下三步驟進行：

🔍 步驟一：先清理壞債，好債可以延後

　　像是信貸、信用卡卡債這種高利率的優先處理掉，但切記不要把所有收入都拿去還債，這樣會導致金流出問題，反而會陷入更多債務的惡性循環。

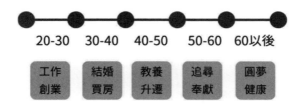

人生理財地圖

趁年輕就開始規劃自己的每個十年計畫，
讓你的人生有清楚的藍圖可以依循，
也讓自己更有動力達成每個階段的目標。

20-30	30-40	40-50	50-60	60以後
工作 創業	結婚 買房	教養 升遷	追尋 奉獻	圓夢 健康

圖：提早規劃自己人生的理財藍圖

步驟二：先扣下儲蓄費用，再分配支出

很多人理財是將收入減掉支出，剩下來的錢再拿來儲蓄，但其實這是錯誤的觀念，這種做法往往會導致花費透支，每個月能儲蓄的錢可能寥寥無幾，因此一定要有「先存錢，再花錢」的概念，才能真正存到錢，這個簡單的致富公式為

$$收入－儲蓄＝支出$$

至於怎麼分配收入呢？此處簡單介紹幾種常見的理財方式。

✚ 333 理財法

「333 原則」是將薪水分配成三等份： 33% 用在儲蓄理財， 33% 用在投資理財， 33% 薪水用在日常花費。

✚ 631 理財法

「631 法則」是將薪水依照「6：3：1」分配成三份： 60% 的薪水用在日常花費， 30% 的薪水用在儲蓄理財， 10% 的薪水用在風險規劃。

✚ 六罐子理財法

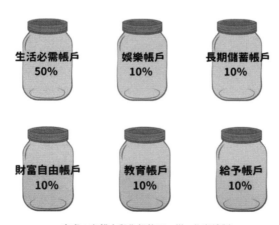

出處：有錢人與你想的不一樣　作者繪製

　　「六罐子理財法」出自《有錢人想的和你不一樣》，作者稱這是全世界最簡單、最容易也最有效的理財方式，只要將薪水分配成六等份，並依照以下順序分配進不同帳戶中，就可以達到財務平衡的目標。以下說明這六個帳戶的項目：

1. 生活必需帳戶：50%

　　生活必需帳戶包含水電房租、伙食費、交通費、保險費等必要開銷，若真的預算有限，可以先忽略貢獻帳戶與娛樂帳戶。

2. 娛樂帳戶：10％

　　娛樂帳戶能幫助自己維持良好的生活品質以及放鬆心靈，當我們完成目標時，也能用這個帳戶的錢來犒賞自己，例如吃頓大餐、看場電影等。

3. 長期儲蓄帳戶：10％

　　長期儲蓄帳戶主要用來支付金額較大的支出，適合中長期的目標，像是出國旅遊、買車、筆電或是買房的頭期款等，事先規劃可以避免一次性花太多錢。

4. 財富自由帳戶：10%

　　財富自由帳戶就是用來投資在「可以產生被動收入」的資產上面，例如股票、基金等等，並且只能存入不能提出。

5. 教育帳戶：10%

　　教育帳戶也就是所謂的學習帳戶，當財富自由帳戶越存越多時，不懂得選擇投資標的也是沒用的，因此就能用這個帳戶的錢投資自己，充實自身的理財知識。

6. 給予帳戶：10 %

　　給予帳戶是用來為他人付出的帳戶，不管是過年紅包錢、慈善捐款、送禮請客都可以用這個帳戶支付，當我們有能力幫助別人時，也能讓存下來的錢更有意義。

　　其實不管是哪一種理財方式，重點還是開源與節流雙管齊下，再加上時間與耐心。如今理財資訊發達，各式數位帳戶、信用卡優惠回饋的資訊隨手可得，小資族及年輕朋友不妨善用這些方式，千萬不要小看每個月或每年多存下的幾百、幾千塊錢，這些小錢經過投資與時間複利，也會滾成一筆超乎你預期的財富。誠如巴菲特與蒙格說的：「我們一點也不心急。只要不寅吃卯糧，我們遲早會變得很富有。」

🔍 步驟三：投資好公司，股利再投入

底下簡單試算每月投入不同金額，在不同年化報酬率的數據下，最終可獲得的金額。你會發現複利其實很簡單，就是「本金」、「報酬率」、「時間」三個要素。這三個要素都很重要，但威力最強大的，還是時間。

我認為越早開始投資，是一件好事情。即便你選錯投資方式而失敗，也因為「還年輕」，有本錢經歷失敗再重新來過。而接觸正確的投資觀念，在年輕時就開始投資理財，更是讓時間發揮最大效用的一大利器。

股神巴菲特的投資也並非一帆風順，但他光靠著長期持有幾檔好公司，就能輕鬆抵達財富自由的目標。有些人以為他是賺快錢，但巴菲特自己說過，他有 99% 的財富是在 50 歲之後才累積出來的。

而他幾歲開始投資理財呢？他 5 歲開始賣口香糖跟汽水，開始學會存錢。在 11 歲的時候買進城市服務優先股，然後不斷的學習、進化。

巴菲特自己說是中了娘胎樂透，因為天時地利人和之故才導致他有這番成就。我們知道巴爺爺太客氣了，但我們也不需要成為巴菲特，我們只需要與自己比較，設定自己的財

務目標，從 20 歲、30 歲甚至 40 歲開始，都不嫌晚。

　　其實理財並不是只有投資股票這一塊這麼單純，如同闕又上老師在其暢銷書《全方位理財的第一堂課》所提的觀念，理財是涵蓋保險、遺產、投資、退休等不同面向的人生課題。當你逐漸踏入 30 歲、40 歲、50 歲時，就會發現這些面向也同等重要。

複利的效應

~~~~~~~~~~~~~~~~~~~~~~~~~~~~~~~~~~~~

　　我們都知道複利的威力，但其實複利的效用比想像中更巨大。有個簡單估算資產翻倍的公式，叫做「72 法則」，意思是這樣：

翻倍所需要的時間（年）＝ 72 ／每年的平均成長率

　　舉例來說，假設我們投資的年化報酬率為 8%，那麼平均 9 年就可以讓資產翻倍。若我們從 23 歲開始投資，投資 27 年直到 60 歲退休，資產平均可以翻 8 倍！中間我們還會因為升遷加薪、股息再投入等優勢，可以不斷的壯大我們的資產，這麼好的事情，為什麼不是每個人都想做呢？

　　誠如巴菲特說的：「因為人們不想慢慢變有錢。」確實如此，人性有著「立即獲取」的先天性缺陷，無法等待太久

的時間。因此磨練我們的心性就至關重要了。你必須耐著性子慢慢等待，不斷持續投入，中間可能還會經過幾次震盪和腰斬，最後才有辦法嚐到複利果實的滋味。我們都有聽過 1%的法則，如下圖所示：

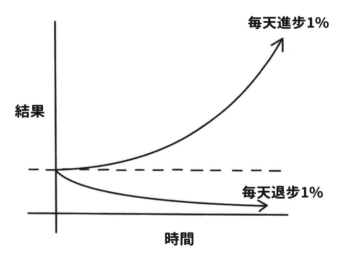

圖表出處：James Clear,Atomic Habits（原子習慣）

圖：複利的 1% 法則

每天只要進步 1%，經過 365 次方後，你的所有會變為原本的 37 倍之多。

但每天都退步 1%，經過 365 次方後，所有會衰減為原本的 0.03 ！

$$(1.01)^{365}=37.7834……$$
$$(0.99)^{365}=0.0255147……$$

這個法則也常被拿來激勵自己要堅持和長期進步，放在投資也一樣適用。

根據統計，過去投資指數型 ETF 的年化報酬率平均落在 8% 左右，而有些高手則可以維持更高的數字。因此最簡單的做法就是針對指數型 ETF「認真買，不要賣，有跌繼續買」。

除了指數型 ETF，當然也有不少厲害的公司，這些年下來的年化報酬率高過 8%，例如下頁表格所示：

股票名稱	台積電	卜蜂	櫻花
股票代號	2330	1215	9911
投入金額	2,140,000	2,140,000	2,140,000
年度	2006~2024	2006~2024	2006~2024
期數	合計 19 年	合計 19 年	合計 19 年
領取股票股利	0.45 元 / 股	2.5 元 / 股	0.9 元 / 股
領取現金股利	105.02 元 / 股	33.2 元 / 股	31.48 元 / 股
期末終值	44,253,500	87,385,999	41,074,009
總領現金	3,918,329	17,428,798	10,640,086
投資報酬率	1967.9 %	3983.5 %	1819.3 %
年化報酬率	17.3 %	21.6 %	16.8 %

圖：個股長期市值比較（資料來源：moneycome 網站查詢）

股票市值

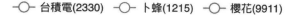

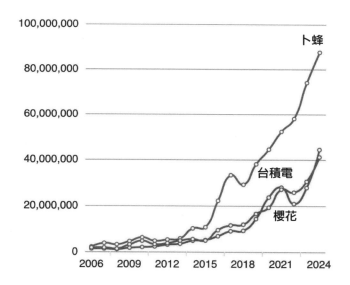

圖：個股長期市值比較 （資料來源：moneycome 網站查詢）

　　如果能挑到這些優秀的公司，年化報酬率也是相當驚人！這也是為什麼選股如此迷人。

　　但說到底，「累積本金」還是投資的第一要務。有的人說自己某某股票賺了 100%，但只投入 10 萬元，總共也才多賺 10 萬元，這樣叫做「本小利大利不大」。

　　但今天若投入一千萬，只要 10% 的報酬率，那總共就多出了一百萬，這也是為什麼本金如此重要之故。

　　要怎麼存到一千萬呢？我們用底下的試算表格來說明：

存千萬並不難

存千萬	6 %	8 %	10 %
15 年	33,776	28,418	23,844
20 年	21,372	16,861	13,227
25 年	14,329	10,555	7,703
30 年	9,944	6,811	4,605
35 年	7,055	4,478	2,795

按照不同年化報酬率及存期，每個月需要投入的金額如上表所示。

圖：存到一千萬的時間與投入金額，作者整理

　　由這個表可以看出，存到千萬的關鍵還是在於投入的本金。如果你想早點退休，那麼不妨趁年輕多努力、少玩樂，多提升自我競爭力，少一點抱怨跟躺平心態。

認真投資自己，提升本業收入，認真工作儲蓄，給自己適度獎賞而不浪費。

我剛出社會的時候，每個月雖然投入不多，但我很認真的存錢，到中期之後每月投入的金額至少都有 3 ～ 4 萬，更加速縮短了存到千萬所需要的時間。

有時候先苦後甘，也不錯！畢竟我們寧可辛苦一陣子，也不要辛苦一輩子。

保險的是與非：
不需要妖魔化

　　台灣人特別愛買保險，尤其是在我這個年紀以上的人，通常都會有一張以上的儲蓄險。保險本身其實是中性的商品，像是醫療險、儲蓄險、失能險等，端看你的目的而定。若是為了醫療、意外或疾病而保險，或者大戶為了要節稅、贈與等其他用途，那保險確實有其必要性。

　　但若要用「儲蓄險」作為投資理財的工具，對一般人來說恐怕不是一個好選擇。的確，儲蓄險可以強迫自己儲蓄。但老實說這種強迫儲蓄的類似作法，可以利用定期定額購買 ETF 來達成。更何況攤開儲蓄險的年化報酬率，恐怕沒有比定存高上多少。

　　保險，永遠是保險公司賺錢，我們購買的期望值通常是

負值，但就是因為有所保障，才能讓我們能夠沒有後顧之憂地打拼、存錢，**因此保險並非不好，而是我們如何配置重要的保險**，並且將保費控制在能力所及的範圍內。一般最常聽見的保險原則為「雙十原則」，亦即：

1. 保障額度至少為年收入的十倍。
2. 保費支出則不超過年收入的十分之一為限。

舉例來說，若小明的的收入為 100 萬元，則保障額度應該要有 1000 萬，而每年所有保費的支出，最好不要超過 10 萬元。

若要達成投資的目的，我個人認為保險歸保險，可以聚焦在醫療、意外、身故及失能險。要投資使資產增長，對一般人而言，還是將錢放在好公司、市值型 ETF 或高股息 ETF 等生財資產比較適合。而關於 ETF 的部分，我會放在後面章節分享自己的看法。

存股的迷思

近年來存股風氣盛行，也有許多成功的存股前輩年領數百萬股息，讓我非常嚮往。但也有不少反面看法，認為存股會拖累報酬率、需要多繳稅、甚至會睡公園……我就以個人存股 10 多年的經驗，來分析一下存股的優劣，以及一般人對於存股的迷思。

迷思一：存股會拖累報酬率

歷史上回測指數型 ETF 的年化報酬率是最佳選擇，連股神巴菲特也推薦一般人投資指數型基金 ETF，還有什麼比股神推薦更具有說服力呢？

但往往理想很豐滿，現實卻很骨感。當股災來臨時，那種心理壓力成本是完全無法量化估計的，若沒有充沛的現金

流持續供應，不要說逢低加碼了，說不定還會砍在阿呆谷斷尾求生。這聽起來很好笑，但在現實生活中，卻真實的發生在你我身旁的親朋好友身上。

逆向投資是完全違反人性的事情，若沒有超乎常人的意志力與信念，要在資產腰斬再腰斬的時候繼續投入辛苦累積的金錢，真的難如登天，因此存股領息，成為了折衷方案。

最常聽到的說法是配息只是左手換右手。這說法不盡然正確，只要能填息，拿到的股息就是紮實的獲利，而且也有不少公司股息與股價逐年緩步上揚，能投資這種雙贏股，不僅有獲利，而且很安心。

迷思二：領股息會多繳稅

這要視所得稅率而定。一般來說，對於所得稅率 5% 的朋友，存股或者 ETF 領息確實可以達到節稅甚至退稅的效果。一般公司股息有所謂的 8.5% 扣抵稅率，最高折抵 8 萬元，用 8 萬除以 8.5% 回推，股息上限約為 94 萬元。若你是存 ETF，配息中更只有其中的「54C 股利」需要課稅，換言之每年領息的金額可以再更多。

至於高稅率的朋友，要怎麼透過存股領息節稅呢？這邊提供幾個方式給大家參考：

1. 投資殖利率低的指數型 ETF 或者債券 ETF

2. 投資如美股等海外資產

3. 扶養以及捐贈

4. 考慮開公司（需請教會計師）

高所得稅率的朋友，大概也不需要「領息」，因為本業收入就很強大了，只要專注在指數化投資，或者在除權息前賣出，賺取資本利得就可以了。

但台灣貧富差距高達 67 倍，我想大多數的朋友可能都跟我一樣，需要累積被動現金流來增加安心感，並且能夠自由配置這筆錢。

迷思三：存股永遠不賣

關於這件事，我也曾經數度犯錯，抱著股票從獲利百萬到虧損百萬。經過這些教訓之後，我也才明白存股並非代表永遠抱著不賣出，而是要有一套準則與紀律。到底是「一股不賣，奇蹟自來」，還是「一股不賣，悲從中來」？這真的要看情況判斷，無法用單一法則來處理。但學會停損，確實有助於提升自己的投資功力。這部分我們會在後續篇幅以我的經驗詳述。

重點整理：

1. 存股有一些迷思，必須先釐清再開始。

3. 向有錢人的思維看齊，購買資產而非負債。

4. 先理財、再投資，制定好可長期執行的投資計劃。

5. 保險歸保險，投資歸投資，儘可能遵行保險雙十原則。

6. 延遲享樂，認真存下每一分錢，儘早投入生財資產。

股息流

第三章

選股與配置

如何選股—護城河的優勢

挑選個股的功夫百百種,像我偏好巴菲特投資方式的選股方式,主要會著重在基本面的篩選,以及製造現金能力的公司。正所謂「含金量」越高,公司本身的價值也就越高。因此如何挑出穩定創造現金流的公司,就成了我們選股最重要的事情。

巴菲特提出護城河的概念,建議我們挑選具有「又深又廣,並且具有很多鱷魚的護城河」公司,來抵擋外來競爭者的威脅。哪怕有些時候犧牲短期獲利,但能加深且加廣其護城河,也是值得投資的標的。

派特‧多爾西在《護城河優勢》一書裡也提到,巴菲特指的護城河大致上可以分為幾種:

無形資產

包含品牌、專利、特許權，例如可口可樂的品牌深植人心，喝可樂不會想到第二家。或者政府頒發特定許可執照，才能營運的廢棄物處理公司、有專利權保護的製藥公司、提到電動車和自動駕駛就想到的公司等等。以台灣的金融股為例，也是受政府嚴格監管的特許行業。

轉換成本

讓消費者一試成主顧，要跳槽會增加很多困難的成本。例如蘋果手機愛用者通常不會再換到其他家的手機，因為要轉移資料實在是太麻煩了；又或者使用 office 的人除了微軟之外沒有其他選擇。

網路效應

越多人參與其中越好用、網路平台會媒合供給和需求雙方，例如 META、LINE、X（以前的 tiwtter）、YOUTUBE、抖音或者 GOOGLE 的各式服務，幾乎完全佔據了我們的工作與生活。若是國內的公司，例如最大的 104

人力銀行或者數字科技，都是網路效應的領先者。

 ## 成本與規模優勢

　　包含生產程序、地點、特有資產，例如鴻海集團與逐漸至各國設廠的台積電……除了成本可以降低，另外經濟規模越大，也越有競爭力。

　　在投資公司前，我們可以先評估一下這家公司是否具有「護城河優勢」？又或者這種護城河優勢會不會受到競爭對手的侵蝕？能抵擋多久？越是穩固的護城河，越是能維持更久的獲利能力。這個護城河優勢其實並不容易做出很明確的界定，而且護城河也可能無法永遠持續，需要不斷的觀察、追蹤才有辦法做出判斷。但就如同巴菲特說過的：「我們寧可約略正確，也好過精準的錯誤。」不管是判斷公司好壞，或者估值都是同樣的道理。

　　近年是 AI 爆發年，如輝達、超微、美超微等公司的股價都上漲不少，台系供應鏈廠商也是摩拳擦掌、蓄勢待發，像是散熱族群、重電族群都熱得不得了。但我認為要選就選最強的台積電、鴻海與聯發科，這三家應該是有最明顯的護城河。至於未來會不會有更多的競爭者？這就有待時間來驗證了。

護城河優勢

**優秀公司有強大的能力對抗外來競爭者，
可以想像成護城河的防禦一樣**

 能力圈

　　能力圈是巴菲特與查理蒙格不斷強調的事情。巴菲特把他的投資比喻為棒球運動，引述了棒球傳奇球星泰德‧威廉斯（Ted Williams）所撰寫《打擊的科學》書中的內容。威廉斯把好球帶劃分為 77 格，並且只在球落到他喜歡的區域時，才會用力揮棒打擊，而此時的打擊率可以高達 0.400，倘若在其他好球帶格子揮棒，打擊率會下降到很普通的 0.235。

　　巴菲特的用意，是告訴我們不需要對每一顆球都揮棒。他只投資落在他「能力圈」內的公司，像是可口可樂、吉列刮鬍刀、喜斯糖果、內布拉斯加家具、蓋可保險……但巴菲特更強調的是，能力圈的大小不是那麼重要，知道自己能力圈的界限在哪裡卻很重要。透過大量閱讀與學習，確實可以逐漸拓展自己的能力圈。但若你去玩一個連自己都不熟悉規則的遊戲，那就如同蒙格說的：「獨腳人參加踢屁股大賽，保證輸得一塌糊塗。」

　　怎麼知道自己的能力圈在哪裡呢？查理蒙格也有教導我們，使用逆向思考來判斷，先把「不知道的事」列出來，然後「永遠別去做它」。如果你知道自己不懂什麼事情，自然也知道自己懂得哪些事情。

　　據說巴菲特的辦公桌上有三個箱子，分別寫著「投資」、「不投資」、「太困難」。對於某項投資提案，他只需要思考 10 分鐘，就會把紙團丟進其中一個箱子。

　　「投資」想來必定是在能力圈之內，而另外兩個紙箱當然就是不適合、或者是在能力圈之外的事物了。據他本人所說，他的投資想法中，有 99% 會落入「太困難」的分類裡。

　　就連史上最偉大的投資人巴菲特，都承認自己對 99% 的

公司都搞不懂了，那我們是不是應該檢討一下，自己看新聞、查資料就開始跟著大家買進股票，是不是一種很危險的行為呢？

投資一家公司，絕對不是看看電視、查查新聞就可以做出決策這樣簡單。你至少得先讀過公司的年報、股東會與法說會資料，再從管理階層的言行，反推之前幾年他在會議上說過的話是否有一一實現？

投資大師吉姆・羅傑斯也說過類似的話：「只要你閱讀了公司年報，就比華爾街 90% 的人做的功課還多了，你若是連年報的附註都閱讀了，就比華爾街 95% 的人做的功課還多。」

就投資而言，如同是翻石頭找寶藏一樣，翻找過最多石頭的人還是贏面較大。無論是生活、人際關係還是投資，沒有什麼能替代做好功課這件事了。

我知道自己對科技股了解不多，因此除了台積電以及代工的電子五哥之外，我沒有投資過其他相關的科技類股。我對金融股以及民生消費類股比較有興趣，也因此著墨較多在這塊領域上，這些年下來雖然沒有爆賺，但也是穩穩地成長，我覺得「只投資自己懂的東西」十分受用。

能力圈
(circle of competence)

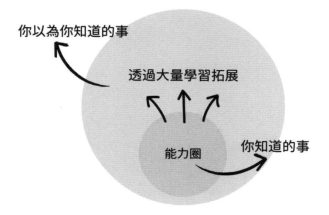

而能力圈也並非一成不變，隨著你的大量閱讀、研究及上課學習，能力圈也會慢慢擴大，因此大量閱讀、自我學習也就成了很重要的事情。許多投資大師及企業家都有大量閱讀的習慣，也是其來有自。

如果你覺得自己跟我一樣，懂的不是很多，那麼就跟我一起多閱讀學習吧！在本書最後我附上了一些推薦書單，如果你也喜歡閱讀，不妨去看看！

選股五大指標

除了從公司護城河來觀察之外，我也會從財務指標上來
篩選是否作為存股的依據。這五項指標分別如下：

一、毛利率、營業利益率與股東權益報酬率

從基本的財務報表就可以查詢這三項財務比率，一般而
言，毛利率與營業利益率會隨著產業不同而有所落差，但我
通常會選擇毛利率超過 20% 的公司，代表賺錢的能力比較
高。另外股東權益報酬率也是巴菲特最重視的指標之一，通
常年度 ROE 能夠超過 15% 就算是優秀的公司。

但這邊的重點是需要穩定並持續。若三率忽高忽低，很
可能也代表公司的競爭力以及賺錢的能力不夠穩定，並不適
合作為長期持有的選擇。

二、市占率

市占率越高越好，最好是該領域的前三名。例如電信產

業被中華電信、台灣大以及遠傳獨占，買進這三家公司就是非常穩健的標的。又如同強固型軍工電腦龍頭神基（3005）為例，排名全球前三大，也是穩定優秀的公司。

三、自由現金流

簡單來說，自由現金流代表每一年有多少現金流入公司帳戶可供自由使用。口袋裡有錢，要做什麼事情都比較方便。如果連續兩、三年自由現金流都為負值，可能要特別注意，最好避開。

四、短期負債

負債有分好債與壞債，我們需要特別注意一年內到期的短期負債，因為這代表公司會有還款的壓力。短期負債如果過多，會導致公司的自由現金流出問題，配不出股息之外還有可能會讓公司倒閉，不可不慎。

五、連續配發股利年份

越是穩健的公司，就越能連年配發股息給股東，共享利潤。原則上我會挑選過去 10 年皆有配發股息的公司作為存股標的。試想如果配息有一搭沒一搭，代表公司獲利恐怕也不是很穩定，這種公司就不適合作為存股的首選。

但這邊也要釐清一個觀點，不配息不代表就是不好的公司。

就像巴菲特的波克夏公司，過去 50 多年來只配息過一次，他老人家還非常感嘆那一年配息是個錯誤。因為如果公司能夠有效的運用資本，讓資本利得增長，配不配息反而就沒有這麼重要了。

所以這邊還是要思考清楚，自己是希望越領越多？抑或是看著資產逐漸成長？隨著年紀做好不同的組合也是很重要的事情。

生活中發現好公司

地表最強的晶圓代工台積電（2330），最強垂直整合代工廠鴻海（2317），手機 IC 晶片王者聯發科（2454），或者國內電信三雄中華電（2412）、遠傳（4904）、台灣大（3045）之外，像是強固型電腦龍頭神基（3005），熱水器龍頭櫻花（9911）、電梯維護保養龍頭崇友（4506）、垃圾焚化發電霸主崑鼎（6803）、網路人力銀行龍頭 104 人力銀行（3130）、雞肉加工飼料大廠卜蜂（1215）等。另外像是國內各家知名的金控、銀行股，也都很適合作為長期投資的

例子，「錢放銀行不如投資銀行股票」這句話真是太有道理了！其實仔細尋找，不難發現生活中有許多好公司值得我們注意。

 美股投資也是好選擇

我很晚才開始投資美股，也有些後悔太晚認識美股的好。像是許多優秀的科技巨擘都是美國公司，如波克夏（BRK.B）、蘋果（AAPL）、微軟（MSFT）、輝達（NVDA）、臉書（META）、GOOGLE（GOOGL）等。這十年來都有長足的增長，為許多投資美股的朋友帶來豐碩的財富。尤其是近年的 AI 發展，在本書撰寫之際，由台灣之光黃仁勳掌舵的輝達（NVDA）更是突破了千元大關（於 2024 年 6 月拆股 1：10），真的是很不簡單！若你擔心科技股只會風騷一時，不能引領一世，那麼也可以買入例如 SPY、VOO、QQQ、VTI 等涵蓋多數好公司的 ETF，甚至是涵蓋全世界公司的 VT，都是好選擇（詳見第五章說明）。

資產配置

　　資產配置近年也為人津津樂道，最有名的股債配隨著 FED 降息風聲頻傳，也讓債券 ETF 好夯！不管是美債、投資等級債、金融債等等，各家債券 ETF 也是傾巢而出。理論上來說，股債配置確實可以達到降低波動的平衡。

　　就像 NBA 球隊一樣，五名先發球員要能攻善守，一味進攻或者只守不攻，恐怕很難贏得總冠軍戰。在投資組合裡頭我們也要攻守兼備，這樣才能在股市震盪時發揮保護的效果，把傷害降到最低。

　　資產配置的重要性，也是投資成功與否的決定性因素，也是最多投資書籍探討的部分。主要可分為「股票」、「債券」、「房地產」、「大宗商品」以及「現金」五種，因個人對於股票與債券比較了解，因此以下僅針對這二種進行探討。

　　常見的股票與債券投資組合的配置有下列幾種方式：

一、股債配：

股 6 債 4 的比重是最常聽見的配置法，一般來說遇到市場震盪時，持有債券確實大多能起到保護的作用，但偶爾也會遇到股債雙殺的情形。

最常聽到的配置公式為「100－ 年齡＝股票配置的比例」。以我為例，今年 40 歲的我就應該有股 6 債 4 的配比，這樣不僅可以降低波動，根據歷史回測，甚至還可以達到不錯的報酬。對於資產配置這一部份，說實話我做得還不是很徹底，也會在這幾年逐漸調整修正，慢慢感受與體會。

二、用指數期貨進行避險操作：

這個操作更複雜，不建議初學者去觸碰這種方式。

除了利用股債配置之外，在個股的波動度上，其實也有參考一項風險衡量指標 beta （ β 值）。β 值意指與大盤波動的相關程度，大致上可以分為下列三個範圍：

範圍	意義
β 值 <1	大盤漲跌 1% 時，標的漲跌幅度會 <1%
β 值＝ 1	標的漲跌幅度與大盤相當
β 值 >1	大盤漲跌 1% 時，標的漲跌幅度會 >1%

　　若想要降低與大盤波動的連動性，只要選擇低 β 值的股票，就可以達到「抗震」的效果。例如我的主要持股德麥（1264）、崑鼎（6803）、一零四（3130）的 β 值都相當低，對於股市大幅下修時有不錯的抗震效果。

　　但低 β 值也有可能帶來低成長性，因此我採取了另一個投資策略，這個策略是《世界越亂你越賺》一書提到的「槓鈴投資策略」。

槓鈴投資策略

　　簡單地說，槓鈴投資法就是把大部分資金配置於穩健的資產中；並將少部分的資金押注在高風險高報酬的投資標的上，而且這個少部位的配置假設不幸全部賠光，在兩年內靠著穩健的投資也能夠彌補回來。

　　假設今天有三種投資標的，分別為「高風險高報酬」、「中風險中報酬」以及「低風險低報酬」，試問你會怎麼配置呢？

　　一般人的想法會覺得，既然高風險很危險，低風險沒搞頭，那不如把大部分資金配置在中風險中報酬的標的。但其實風險是會變動的！萬一中風險的標的變成高風險，那反而會讓自己深陷危險之中。

而檳鈴投資策略，則是將 80% ～ 90% 的資產配置於低風險低報酬的標的，例如債券、定存股、波動度低的資產，將 10% ～ 20% 的資產配置於高風險高報酬的標的，並且需要符合兩個條件：

1. 這個高風險高報酬的標的必須經過審慎、仔細的研究後確定可行，才能投入。

2. 這筆投資假設不幸失敗，也能在兩、三年內利用低風險低報酬的投資彌補回來。

低風險低報酬的配置，就是防守；高風險高報酬的配置，當然就是進攻。

我認為這個方法真的很棒！將風險極小化，但又利用不對稱的方式來獲取超額報酬，是穩中求勝的方式。如果你也喜歡鑽研個股，不妨利用這套投資策略來精進自己的投資功力。

以我近年投資一家興櫃公司漢田生技（1294）為例，因緣際會之下，我發現它是國內保健食品軟袋液劑封裝的隱形冠軍，藏身在彰化縣的小鎮裡。深入研究之下發現，近年國人對於這種包裝的接受度越來越大，公司除了三班制應付供不應求的訂單，也購置新的土地及廠房，穩健的為產能擴充

做準備，並且有計劃性的進軍中國市場。看準這個商機，我在 6 個月內投入了 10% 的資金，持有近一年後賣出，最終獲利超過 100%。

又如我今年第二季投資鴻海為例說明。其實我很早以前有買過鴻海，但嫌股價不會動，所以早早就賣掉了。但隨著 AI 科技不斷推陳出新，許多二、三線代工廠股價都紛紛飆漲，就剩鴻海靜悄悄地不怎麼動？有天我與同事前輩在籃球場上投籃，這位啟蒙前輩突然跟我說：「鴻海應該還可以買。」我當時沒聽進去他的話，到了四月份鴻海居然漲了一大段！隨著消息不斷釋出，我在網路上找到了一位專門分析鴻海的部落客「A 大」，拜讀其分析文章之後驚嘆不已！無論從基本面、技術面到籌碼面，連外資的操作分析都相當精闢。認真閱讀了三天之後，我開始將賣出中概股的資金逐步投入鴻海，從 155 元一路買至 175 元，我很少使用「右側交易」，雖然看起來已經追高，但若將未來幾年鴻海公司的獲利算進去，我認為我的買進成本仍然合理。截至撰寫本章之際，鴻海還是相對便宜的投資標的。

股神巴菲特教導我們，他說投資就像站在打擊區，聽著群眾叫囂著「快點揮棒啊！你這渾球！」但我們可以不需理

會這些雜音，投資跟棒球賽不同，站著一直等也不會被三振。我們可以等到紅中直球出現再用力揮棒，也能擊出漂亮的全壘打。

我平常也會到股市論壇討論區，看看其他股友們的意見，雖然大部分的留言比較沒有參考價值，但偶爾也會看見一些分析到位的文章。但我發現會發文的人分為兩種：一種是真的對公司有研究的人，另一種則是別有用心，想拉抬股票，又或者想要壓低股價來入手。只能說網路世界爾虞我詐，需要仔細思考、多方查證才不會被騙。其實我們看新聞、雜誌與媒體報導，也應該要具備「識讀」的能力才是，否則這個資訊氾濫的時代，一不小心被錯誤訊息牽著走，很可能會誤導我們的投資方向。

無論如何，配置並沒有絕對的一套準則，端看自己對投資標的的理解與把握度，還有自己心理的抗壓程度。挑選適合自己的方式投資，並做好組合，打造專屬於你的資產配置，這也要讀者自己探索體會才能發現。下一章我們來聊聊，關於開戶與實際操作的面向。

重點整理：

1. 尋找具有護城河的公司或指數型 ETF 來進行投資。

2. 利用財務指標進行篩選。

3. 歷年穩健成長配息的公司是選股重點。

4. 美國股票市場仍然長期向上，選對市場很重要。

5. 資產配置比你想的重要，配置低波動的資產比例來穩中求勝。

股息流

第四章

開戶與
投資實務

開戶注意事項

 怎麼選擇證券戶？

成為投資新手的第一步，就是開立證券戶了。國內券商競爭激烈之下，近年的手續費優惠也越來越划算，因此要考量的重點如下。

1. 臨櫃辦理業務是否方便？

雖然現在都是數位證券戶，但總是會有部分業務會需要臨櫃處理，這時候選擇據點較多的證券銀行會比較便利。

2. 是否有複委託購買海外資產的需求？

投資海外資產，可以透過開立海外帳戶或者由國內券商複委託進行購買。關於複委託與開立海外帳戶的優缺點，整理如下表所示：

內容比較	國內券商複委託	開立海外帳戶
券商	選擇眾多	選擇較少
投資項目	美、英、日、港為主	大多以美國市場為主
稅務	國內券商主動協助退稅	美股現金股利預扣 30% 股利所得稅；遺產稅依美國稅法規定課稅
費用	手續費依照各家牌告費率	需要保管費
金融監管	受國內主管機關監管	需自行向海外申訴

　　我會比較傾向國內複委託的原因有下列兩點：

　　① 國內複委託的手續費大戰持續進行中，相信未來只會越來越便宜；

　　② 因為海外帳戶並沒有在金管會的管轄範圍，一旦發生意外要追討海外資產，不僅要本人飛至海外，甚至要請律師、上法院等等，諸多流程讓我覺得相當麻煩。雖然現在海外帳戶開設也非常方便，但經以上兩點評估後，我會傾向將資金投入複委託的帳戶中。

3. 定期定額的智慧單功能

　　定期定額已經是下單軟體的標準配備，但不同券商各有所長，有各種不同的智能加減碼功能、技術存股、警示單觸發等，這些都可以依照自己的喜好去做選擇。

開戶要準備什麼?

年滿 18 歲的國民就可以自行開戶,只要準備好雙證件、印章及現金,就能前往證券商辦理開戶流程。開戶流程如下:

1. 開立證券交割戶:買賣股票需要開設與證券商配合的銀行帳戶,但現在因為大型金控都有自己的證券行,所以會直接在該行開設(數位)交割帳戶。

2. 填寫開戶相關資料:可以申請電子交易委託書,表示同意可以用電話、網路進行下單。若要開立信用戶,條件較為麻煩,除了需要交易資料,還需要財力證明。但因為信用戶通常是拿來融資、融券使用,建議新手朋友們不用開設。

 ## 未成年子女怎麼開戶?

關於未成年子女開戶的流程比較麻煩,主要分為兩個年齡層:

1. 若為 7 歲以上未滿 18 歲之未成年人開戶,就需要法定代理人雙方與未成年人一同到場辦理,開戶文件也需要未成年人親簽。

所需證件：法定代理人的雙證件、開戶人的雙證件（若無身份證，可使用戶口名簿代替第一身份證件）、法定代理人及開戶人的約定印鑑。

2. 未滿 7 歲的小朋友需要法定代理人的同意才可以開戶。開戶過程中小朋友不須到場，只需要法定代理人雙方共同臨櫃辦理即可。

所需證件：法定代理人的雙證件、印章以及開戶人之第一身份證件（戶口名簿或最近三個月請領之戶籍謄本）及第二身份證件以及約定印章。

簡易口訣：代理人與開戶人的「雙證件」、「開戶印章」

開戶完，匯入資金後就可以開始你的第一筆股票投資了！

零股買賣分散壓力

台股有 1800 多檔標的，ETF 就超過 300 檔，到底要從哪一種開始呢？因為我是長期投資存股派起家，我會建議從穩健的金融股或市值型 ETF、高股息型當作起手勢，並且用零股買進的方式來進行，會比較沒有壓力。

以筆者撰寫的時間點（2024 年 5 月底），台股大盤指數將近 22000 點，創下歷史新高，而最老牌的市值型 ETF 元大台灣 50（0050）也來到每股 170 元的價格。

而追蹤相同指數的另一檔市值型 ETF 富邦台 50（006208）也來到每股 100 元的價格，你說一個月買 10 股可不可以？應該沒有太大的壓力才是。若是老牌的高股息 ETF 元大高股息（0056）雖然也是歷史高點，但每一股也才 40 元，每個月買個 50 股，應該也可以吧？

用零股買進的好處，除了可以逢低攤平成本價，買出微笑曲線之外，另一個更重要的因素是可以大幅降低心理壓力的成本，讓我們可以「持續買進」。

理論上一次把錢 ALL IN 進去，報酬是最好。但是理論歸理論，紙上談兵是沒有用的。要克服下跌時的心理壓力，真的不是在開玩笑的。

雖然大家都知道指數 ETF 長期年化報酬率最好，也有網紅 YOUTUBER 力推每次都要 ALL IN，甚至說定期定額是拖累報酬率的韭菜心態？我倒是抱持不同看法。因為股災時的心理壓力之大，絕對超過自己的想像。一般人在市值縮水50% 以上還能撐住不賣就很不容易了，更何況要再掏錢丟進不斷縮水的股市裡？或許有人做得到，但是那種心理壓力絕非一般人能挺住。別人可以 ALL IN，或許是高收入份子，有龐大的現金流支應或是家裡有靠山，甚至還不需要養育小孩……因為每個人的狀況不一樣，理想若沒有辦法實踐也只是空談。

或許我沒有少年股神那麼亮眼的績效，但我知道這 16年我挺過大大小小的股災，至今依然屹立不搖在市場上，而

股票市值與股息也持續增長，這樣就夠了。就如同暢銷書《ETF 實驗筆記》的作者小車，曾經在臉書上寫道：「我們不一定為了要追逐第一志願，而冒著龐大的壓力，最終很可能表現失常，有時候慢一點，開心地考上第二志願、第三志願，這樣也很不錯。」

就連經歷過大風大浪的我，在往下低接的時候也是會有點心不甘情不願，更何況是剛開始投資的年輕朋友呢？因此「零股慢慢買進」是非常適合新手朋友的一種方式。

當然如果你想要更省心，現在許多下單軟體都有智慧加減碼、警示單觸發買進條件等自動功能，設定好定期定額自動扣款，就算交割帳戶餘額不足，也只會視為交易失敗，不會變成違約交割，比手動下單更聰明、更安全，績效也不會差喔！

 ## 盤中零股與盤後零股交易

零股交易分為盤中與盤後交易，盤中交易比較方便，因每分鐘會撮合一次，因此流通性比較高。且因為盤中股價有可能會震盪，因此買進的價格比較有選擇性。而盤後零股交易則是於開盤日下午 2:30 統一撮合，只有一次的買進機會，通常價格也會比收盤價略高。

　　證交所規定一般交易的手續費為 0.1425%，但現在因為電子下單之故，券商都會給予不同的折扣。依我個人使用券商手續費 2.8 折為例，因為 5012×0.001425×0.28=1.99，四捨五入等於 2 元，因此單筆金額不超過 5012 元，手續費皆為 2 元，其實相當划算。但國內券商也不是省油的燈，在開戶及手續費方面也是戰得如火如荼，也有券商祭出 1 折的超殺優惠，建議大家可以多比較再決定！

重點整理：

1. **開戶首選折扣多、介面使用方便的券商。**

2. **零股下單分散資金壓力。**

3. **盤中零股比較容易低價成交。**

4. **海外投資可利用複委託受保障。**

違約交割的風險

以下文字節錄自 2023 年 8 月 2 日的新聞：

「…證交所今天公告，券商申報投資人違約交割違約總金額達 1.46 億元，其中最大單一標的為緯創（3231），違約總金額約 4865 萬元，但申報緯創違約交割的券商一次高達 9 個，包括企銀埔墘、元富新莊、中信嘉義、國票新莊、群益中山、元大四維、元大和平、永豐松山、永豐金。」

又或者於 2024 年 6 月 21 日的新聞：

「台股近日屢創歷史新高，少年股神卻慘遭『軋空』？臺灣證券交易所 21 日統計，證券商申報集中市場違約買進加計賣出金額 4,410 萬元，買賣相抵後 3,854 萬元，達違約資訊揭露標準個股竟為台積電（2330），達 2,892 萬元。」

所謂違約，就是代表會有懲罰規則的意思。通常下單買賣股票，會在 T+2 日的早上 10 點進行款項轉移。但如果你

在扣款當日，交割戶的餘額不足，就會被列為「違約交割」！
簡單說就是當下付不出買股票所需要的錢。

違約交割不是小事情，這涉及到以下四個責任：

1. 民事責任

券商可以跟客戶收違約金，最高可收成交金額的 7%，
實際金額以法院審理結果為主。如果你戶頭餘額不足，最終
手段券商還可以繼續向投資人追討這筆債務，包含向法院聲
請強制扣薪，將每個月薪水轉給券商。

2. 刑事責任

若違約交割之情節重大，足以影響市場秩序者，可能面
臨 3 年以上至 10 年以下之相關刑責。

3. 信平紀錄

違約交割的紀錄會通報在證券商聯合徵信系統，金融機
構都可以查詢得到你曾經「信用不佳的紀錄」，未來你要申
辦信用卡、向銀行申辦房貸，都可能更困難！

4. 開戶限制

在未結案且開戶不滿 5 年的情況下，證券公司有權拒絕

投資者的開戶申請。對於已經開戶的投資者，證券公司也有權拒絕其進行委託交易或申購有價證券。

如果真的很不幸不小心違約交割了，該怎麼辦呢？有底下兩個方式可供參考：

1. 在交易當日：若當天發現下錯單會導致兩天後違約交割，可以馬上當沖或者選擇盤後交易賣掉股票。雖然可能會賠錢，但後果至少比違約的罰則來得輕微。

2. 若在 14:30 後或者隔天才察覺，投資者可以在隔天盡早出售持有的股票，並馬上向證券公司提出「T+0」的申請，這允許投資者在當天 15:30 之前，從賣出股票的所得中扣除相關費用後獲得資金，以支付隔天 10:00 的第一筆交易的扣款。但這個「T+0」的動作其實是讓券商先付資金給投資者，以便在 T+0 當天取得資金，因此你需要支付為期 2 天的利息費用給券商。

現在券商也比較人性化了，還有更多的補救措施，但「羊毛出在羊身上」，暫時救你為的也是向你收取更多利息，無論如何，違約交割都不是好事情，由衷希望讀者不要碰到。

借券賺取利息

現在越來越多人知道借券了，所以費率也相對變得比較低。但如果我們是長期持有，放在那邊也是浪費，不如出借股票賺取利息收益，每天幾十元、幾百元的利息不說，甚至有可能會讓這檔股票的股息「免稅」，不是很棒嗎？

借券簡單來說，就是券商擔任中間的媒合平台，幫「想借股票的人」與「想出借股票的人」以雙方同意的利率出借，並依照出借日數來支付與收取租金。借股票的人可以在出借期間取得股票的使用權利，可用來避險或做空，並在使用完後返回股票並支付租金；而出借股票的持有人則可以依約收取租金，賺取利息；券商則從中收取 2 ～ 3 成的手續費。

借券分兩種方式

1. 信託借券:

門檻較高,有資金與數量限制,通常單一股票信託張數至少 10 張以上。通常屬於大戶形態的投資人參與,信託總金額須達百萬且張數十張以上。

2. 雙向借券:

門檻較低,一張也可以出借。所以一般散戶通常都是透過雙向借券來參與借券交易。另外因為證交所的規定,一般只有國內外法人或基金才可以參與借券,其他散戶基本上只能擔任出借人。

而一般投資人參與借券資格如下:

（1）開立證券戶滿三個月。

（2）出借張數一張以上（零股目前是無法參與借券的）。

（3）交易時間與開盤時間一樣,為上午 9:00 到下午 15:30。

（4）僅限上市櫃股票,興櫃股票不得出借。

至於租金的計算，如下列公式：

利息收入＝（出借股數 × 平均每日收盤價 × 出借利率 × 出借日數／365）－（券商手續費）

舉例來說，小明借出某股票 100 張共 60 天，月均價為 20 元，出借利率設定為 1%，則可計算出小明當月的利息收入為：

$$100,000 \times 20 \times 1\% \times 60 / 365 = 3288 \text{ 元}$$

假設該券商的手續費為 20%，則實際入帳金額為 $3288 \times (1 - 20\%) = 2,630$ 元。

身為存股族，我通常都會申請股票出借，因為借券有以下幾個優點：

好處一：

借券收入目前免納入補充保費扣取範圍，假設單筆借券收入超過 2 萬元，也不需要擔心被課徵二代健保費。

好處二：

借券期間遇到股息入帳日，會以「權益補償」的方式匯入指定帳戶，若權益補償歸還時「屬於證券交易所得」，因現行證券交易所得免稅，故可免申報，也就是該筆股息「有

機會可以免稅」！

（註解：①若借券人在除權息前賣出股票，出借人拿到的股利會變成證券交易所得，依據規定不會納入綜合所得稅中。②若借券人在除權息後賣出股票，出借人得到的股利仍屬於股利所得，會被課徵綜合所得稅。）

好處三：

根據財政部規定，借券收入屬於財產收入，屬於「租賃所得」，在借券收入中，包含支付給券商的手續費，可以列舉扣抵費用。

至於借券有沒有缺點呢？這當然也是肯定的，因為出借中的股票若要賣出，必須先「召回股票」，花費時間大約需要 1 至 3 天，因此沒有辦法馬上賣出手中的股票，有時候也會錯失最佳機會，這也是投資人需要考慮的事情。除此之外，出借股票也等同於喪失了股東投票的權利，但對於一般投資朋友來說，除了領股東紀念品之外，影響應該不大。

總結上述優缺點，對於長期存股的朋友來說，我認為借券還是利大於弊，只是現在借券的人越來越多，出借費率也相對越來越低，收入縮水的很有感覺啊！

定期定額買入好公司

　　所謂定期定額，就是在約定的日期買入約定好的金額或者股數，省去「擇時進場」的困擾與時間。《持續買進》作者尼克・馬朱利，身為資料科學家，他分析了近百年股市數據後，得出最安全可靠的賺錢方式是「持續買進」！不需要分析公司價值，也不需要判斷是牛市還是熊市。就像原子習慣一樣，最重要的是「持續做」。你一心等待的低點可能遲遲未來，結果市場持續上揚，錯失了多月（或更久）的複利成長，績效遠遠落後於「儘快買、經常買、持續買」。

　　我們會覺得奇怪，如果逢低買進，績效不是比較好嗎？但尼克・馬朱利以數據反駁了這項觀點，顛覆了大家的認知。但這邊他提倡的持續買進是指 ETF，而非個股。因為個股很可能會因為經營不善而倒閉，但 ETF 會有汰弱留強的機制，因此不太會有下市的風險。

　　現在證券軟體都相當的方便，從 APP 裡頭就可以設定定

期定額的標的、日期與金額，有些 APP 甚至還可以設定「逢低加碼；逢高減碼」的智能扣款功能，或者「股息再買回」的進階功能，非常便利。而且定期定額有下列好處：

1. 分散資金壓力：

　　將每個月要投資的金額分散在每週或某些日期，長期來說可以買出平滑曲線。

2. 不會有違約交割的風險：

　　定期定額若發生帳戶餘額不足，只會視為「交易失敗」，不會有違約交割的問題。

3. 強迫自己儲蓄：

　　為了要達成扣款的目的，我們會更認真的儲蓄存錢，買進更多股數。

　　省下看盤的時間與內心的糾結內耗，如同《賺錢與賺幸福》作者提出的勒巴夫定律：「主動投資人生，被動投資金錢。」定期定額買入市值型 ETF 確實是一個非常適合大家的方式！

個股的查詢工具

　　工欲善其事，必先利其器。若要瞭解一家公司的基本營運狀況，那麼公司的財務報表肯定是免不了要花時間去理解的。但攤開報表一看上百頁密密麻麻的資料，不是本科系出身的我們看了難免會卻步。

　　怎麼辦呢？老實說這關你必須過，才有可能跨入基本面投資人的領域。

　　因為本書不著墨在財報分析部分，因此僅介紹幾個我自己常用的網站，方便瞭解公司基本的營運狀況。

　　我們先來瞭解一下幾個重要的報表公布時程：

　　每月營收：次月的 10 號之前（遇例假日順延）。

　　每季財報：次次月的 15 日之前（KY 股則是至當月底）。

　　例如每年第一季財報，規定要在當年度的 5 月 15 日前公布，讓投資人瞭解公司的財務狀況，便於我們追蹤公司的經營。

　　每年財報：通常為隔年的三月底前。

要在哪裡看這些報表呢？

1. 公開觀測資訊站（https://mops.twse.com.tw/mops/web/Index）

　　最完整詳細的網站，首推政府架設的「公開觀測資訊站」，上面資料既齊全完整，更新速度又快，非常推薦大家去瞭解看看。

　　無論是月營收、季報、年報、轉投資、人事異動、經營階層賣股票到法說會資料，通通都找得到。

圖：公開觀測資訊站

2. 證 交 所 WEBPRO 3.0（https://webpro.twse.com.tw/ webportal/vod/101/?categoryId=101）

圖：證交所網站

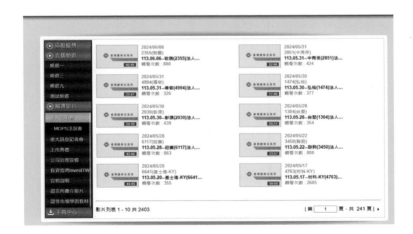

圖：證交所影音網

3. 財報狗網站

這是免費註冊就可以使用的國內網站，可以查詢台股與美股的基本資料，用圖表的方式呈現各種財務數據，也是我很喜歡使用的一個網站。除了可以清楚看到許財務數據，並用表格呈現，閱讀起來十分方便。例如每個時期的損益表、資產負債表、現金流量表，以及公司季報、年報電子檔，都是我會查詢的功能。此外財報狗還有一個強項，就是可以自訂選股條件，從「葛拉漢選股指標」、「彼得林區選股指標」到各式自訂的選股標準，通通都可以自由調整，真的非常便利。有些完整功能需要付費才能使用，就看個人的需求了。

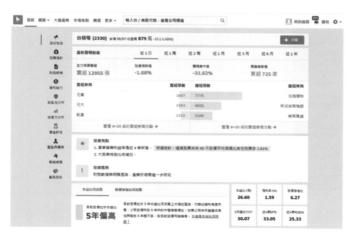

圖：財報狗查詢網站（可免費註冊）

4. 永豐金證券

　　我在使用平均本益比的時候，會使用這個網站來計算。當然永豐金證券網站也有許多資料可供查詢參考，這類證券公司網站的功能大多很類似，選擇你習慣的證券公司網站使用就可以了。

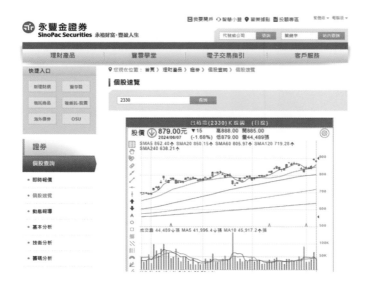

圖：永豐金證券查詢網站

5.MONEY COMEIN 回測網站
（https://www.moneycome.in/）

如果要比較個股或 ETF 的歷史回測數據，我很推薦這個相當簡單好用的中文網站。只要選擇「智慧工具」裡頭的「複利比較」，一次最多可以比較三檔的歷史回測數據（當然也可以輸入每月定期定額投入金額），對於新手朋友來說是個介面友善的回測工具喔！

股票比較1	2330,台積電
股票比較2	1215,卜蜂
股票比較3	9911,櫻花
本金	1000000	元
每年投入金額	60000	元
年份	2006	至 2024

每年借息金額再投入

比較

結果

股票名稱	台積電	卜蜂	櫻花
股票代號	2330	1215	9911
投入金額	2,140,000	2,140,000	2,140,000
年度	2006 ~ 2024	2006 ~ 2024	2006 ~ 2024
期數	含計19年	含計19年	含計19年
模average股票股利	0.45 元/股	2.5 元/股	0.9 元/股
模average現金股利	105.02 元/股	33.2 元/股	31.48 元/股
期末持值	41,392,388	83,151,435	40,138,440
終權持股	3,918,329	17,428,798	10,640,086
投資報酬率	1834.2 %	3785.6 %	1775.6 %
年化報酬率	16.9 %	21.2 %	16.7 %

圖：MONEY COME IN 查詢網站

6.GOODINFO 台灣股市資訊網

我個人也很常使用這個網站來觀察歷年的每月營收、股息發放、毛利增減等財務指標，GOODINFO 的網站雖然比較陽春，但資料非常齊全，包括像是技術面、籌碼面、基本面等各式選股條件也都一應俱全，相當好用。

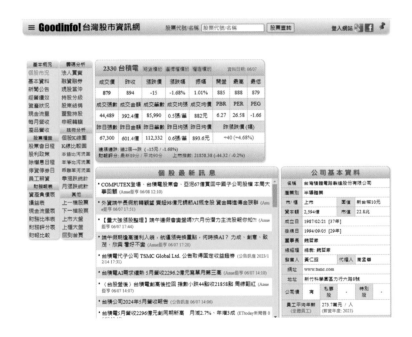

圖：GOODINFO 查詢網站

推薦學習：

推薦讀者可以閱讀由商業週刊出版，張明輝老師撰寫的《大會計師教你從財報數字看懂經營本質》、《大會計師教你從財報數字看懂產業本質》兩本書，雖然剛開始看會有點吃力，但其實書中舉例並說明得很詳細，可反覆閱讀後，再對照自己投資公司的財報進行審視。

 ETF 的查詢工具

1. 財經 M 平方 https://www.macromicro.me/etf/tw/screener

雖然有些功能要註冊付費會員才能使用，但是單純查詢 ETF 以及比較各檔 ETF 的歷史走勢等功能，財經 M 平方的網站還是非常好用的。

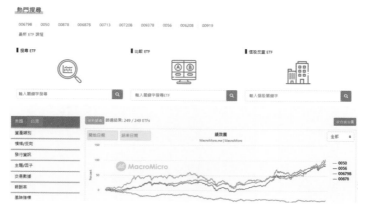

圖：財經 M 平方查詢網站

2. 玩股網 https://www.wantgoo.com/stock/etf/net-value

這是我最常使用的 ETF 查詢工具，不僅可以查詢 ETF 每日的折溢價，還能夠查詢殖利率、股利政策、成分股組成、產業類別佔比等所有資料，使用起來非常方便順手。

圖：玩股網查詢網站

3. 晨星 morning star

https://tw.morningstar.com/tw/compare/investment.asp×#?idType=msid&securityIds=

晨星是國外的專業投資網站，除了個股及 ETF 的查詢以及比較，還加入了許多因子評估，用更數學化的方式來分析各檔 ETF 的績效表現，也是許多專業投資人愛用的網站。

股息流

圖：晨星查詢網站

4. MONEYDJ

https://www.moneydj.com/etf/eb/et305103.djhtm

　　這也是耳熟能詳的查詢網站，除了上述 ETF 基本資料查詢、年化報酬率、各檔比較等功能之外，它還可以查詢風險報酬的指標，相當全面。我們在「ETF 排行」選單中可以找到「風險排行」，裡頭可以直接看出折溢價或者風險報酬比

圖：MONEYDJ 網站查詢功能

5. 三竹股市（免費 APP）

　　三竹股市是我非常推薦的 APP，在新版的功能中可以直接查看各家 ETF 的折溢價、成份股佔比跟變動，非常便利，

而且重點是完全免費！這麼佛心的 APP 一定要下載來用！

　　介紹了這麼多網站，其實一般投資人並不需要每個都使用，挑選其中一、二個熟練查詢資料，就很足夠我們使用了。只要知道自己投資的股票或 ETF 內容物是什麼，是否放在對的產業上，並且做好資金配置，剩下的就交給時間跟耐心了。

圖：三竹股市 APP

重點整理：

1. 學習使用完整的網站資源，對投資功力大有助益。

2. 觀察公司的營運狀況，更能掌握基本面訊息。

3. 瞭解財務報表公布時程，做好佈局或調節的應對。

第五章

什麼是 ETF?

淺談 ETF

台灣近年很流行 ETF，ETF 是指數股票型基金（Exchange Traded Funds）的簡稱，基金簡單描述就是幫你分散投資一籃子標的，標的可以是股票，也可以是債券或其他商品，但一般基金必須透過投信公司來買賣，但 ETF 卻可以由我們自己來買賣交易。

我們可以把投資 ETF 想像成購買一個美味便當，裡面有各式各樣的配菜，所以每種菜都可以吃到。但缺點就是有些菜可能不好吃，沒辦法自己挑選。

例如元大台灣 50（0050）追蹤的是台灣 50 指數，這檔指數的成分股是台灣市值前 50 大上市公司的股票，買進這檔 ETF，就等於一次買進這 50 間公司一部分的股票。

一次買進一籃子股票，有什麼優點或缺點呢？大致上如下列表格所述：

優點	缺點
1. 可分散投資單一公司的風險	1. 定期換股可能增加交易成本
2. 可投資不同區域或國家的股票	2. 較不容易有超額報酬
3. 容易跟隨市場報酬	3. 可能會有追蹤誤差
4. 較適合長期持有	4. 會需要管理費用
5. 不需要花費時間挑選個股	

　　但瑕不掩瑜，畢竟要「長期」打敗指數其實真的不容易。我早期喜歡研究個股，近年也是因為希望將時間留給家人，因此逐漸將資金轉向 ETF 的懷抱。

　　台灣的 ETF 近年進入一個繁華盛世，發行檔數超過 300 檔，總規模市值將近 3.6 兆，平均每 4 人就有 1 人持有 ETF，可見有多受國人喜愛。但 ETF 該怎麼挑，各種達人看法不一，有的推崇指數型，有的喜愛高股息型，身為小資族或者社會新鮮人，該怎麼挑選呢？

　　我的看法是，指數型 ETF 有較大的成長潛力，但是波動相對也較大。而高股息型 ETF 配發的現金較多，但報酬率根據統計會略遜一籌。但「波動大」也就代表心理承受的壓力也較大，因此「兩者並行」或許是一個折衷的方式。

高股息與市值型並行的牛角策略

假設一個社會新鮮人,把每個月投資的錢全部 ALL IN 到指數型 ETF 中,理論上等到他退休的時候,會獲得最佳的總報酬。無論是美股的代表性 ETF-SPY,或者是國內的老牌市值型 ETF-0050,過去的年化報酬率大約都有 6 ~ 8% 左右(這是經過通膨調整的數字)。

但問題是你得先經過不曉得幾次大大小小的股災,看著自己辛苦賺來的錢直接腰斬、膝蓋斬、踝斬,都欲哭無淚了還要持續投入,那種心理壓力之大,真的只有經歷過 2000 年網路泡沫、2008 年次級房貸風暴的前輩及老朋友才會懂。要在一片恐慌中保持「不賣」,就已經是困難重重了,更何況是「逢低買進」呢?

但如果每個月或者每一季有股息的現金流入,不僅可以緩解心中的龐大壓力,稍微安定信心,也許還可以有餘裕逢低稍微加碼,雖然長期來看報酬率會略遜一籌,但至少我們可以走過 20 年、30 年,抵達財務自由的終點而不被抬出場外。

在我存股這 16 年來，我也遇過數次大小股災，每次股災時我「都有投入」，原因就在於我每年除了工作收入之外，還有「股息」這個支援，讓我有底氣可以在遭遇股災時繼續分批「逢低買進」。

如今也達百萬股息，我更有逢低加碼市值型的本錢了，雖然慢了一點，但我一樣可以抵達財務自由的終點，讓心理壓力小一點，不要輕易被洗出場外，這才是最重要的事情。投資比的不是氣盛而是比氣長，我會繼續存下去，厚植股息的底氣與逢低加碼的實力。

ETF 的種類

台灣近年發行的 ETF 之多，讓全世界大開眼界。究竟 ETF 有什麼魅力，我也逐漸轉向投入其懷抱。以下我們來稍微介紹 ETF 的種類，以及存股族適合的 ETF 配置。

ETF 簡單說就是追蹤根據不同條件編纂的指數，按照比重買進一籃子股票的基金。按照類型大致可分為「市值型」、「高股息」、「主題型」，至於反向型、槓桿型的就不在本書討論範圍。

類型	內容	常見代表
市值型	納入市值排名前段班的公司	0050,006208,00692,00850,00922,00923 等
高息型	納入配息殖利率較高的公司	0056,00878,00713,00915,00919,00929 等
主題型	涵蓋特定產業的公司	00757,00762,00830 00851,00881,00941 等

　　眼花撩亂的 ETF，到底要怎麼挑？又該怎麼定期定額呢？以下讓我簡單分享個人看法及作法。配置之前，先問自己幾個問題：

1. 是要追求市值成長，還是要穩健領股息？

2. 要投資台灣公司，還是打包世界一流公司？

　　這兩個問題沒有標準答案，端看個人喜好。但通常近期推出的主題型海外公司的 ETF，管理費都會略高一些，有些投資朋友會直接投資美國券商發行的 ETF，以下列舉五項最受歡迎的指數型 ETF：

1. 先鋒全球股票 ETF（Vanguard Total World Stock ETF），代號 VT：

　　投資範圍涵蓋全球 40 多個國家，包含約 9000 檔成分股，主要追蹤富時全球股市指數（FTSE Global All Cap Index），美股占比約 58.6%，其餘則為日本、英國和中國等股市。因為產業及投資區域相當分散，因此能夠有效降低風險，並且參與全球股市的成長，是很受歡迎的投資標的。

2. 先鋒標普500指數股票型基金（Vanguard S&P 500 ETF），代號VOO：

VOO 追蹤的指數是標準普爾 500 指數（簡稱 S&P 500、標普 500），以美元計價，是美國最廣泛使用的股票指數之一，由標準普爾全球評級服務編制和維護（S&P Global Ratings）。S&P 500 包含美國 500 大規模、流動性高和具代表性的上市公司，根據企業市值來決定權重，產業分布廣泛，包含技術、金融、醫療保健和消費品等，涵蓋了美國 80% 以上的股市，被認為是個能夠反映美國經濟的指數，也是衡量美國股市的重要指標。

3. 先鋒富時整體股市 ETF（Vanguard Total Stock Market ETF），代號VTI：

主要追蹤美國整體市場指數（CRSP），相當於投資美國整體經濟，涵蓋全美大中小型公司的股票約 3,676 檔左右，前幾大持股類型為資訊科技、必需消費品、醫療保健和工業等產業，VTI 的產業組成分佈相當廣泛，並沒有集中在某一特定產業的現象，因此可以達到產業分散的最佳效果。從歷史數據回測，不管是在回檔時佈局或者定期定額，都能有不錯的報酬表現。

4. 納斯達克 100 指數 ETF（NASDAQ-100 Index Tracking Stock），代號 QQQ：

涵蓋全世界市值最大的非金融股，也就是科技股為主的 ETF。主要追蹤納斯達克證券市場中前 100 大的企業，成分股前 5 大企業為 Apple、Amazon、Microsoft、Meta Platforms 和 Google，但這些巨型股占比較重，為整體 ETF 的 50%。

5.SPDR 標準普爾 500 指數 ETF（SPDR S&P 500 ETF Trust），代號 SPY：

SPY 是美國第一檔 ETF，同時也是現行全球管理資產規模最大的 ETF，與 VOO 追蹤指數相同，著重在美國 500 大企業指數，組成企業比例也和 VOO 雷同，前 5 大成分股也都是科技股，包含 Apple、Microsoft、Amazon、Alphabet Inc. 和 Tesla，但次要的產業占比則以醫療保健和非必需消費品的產業為主。

搭配主題型 ETF，
不錯過科技發展

前面章節曾介紹同步買入市值型與高息型的牛角戰術，但實在不想錯過高科技主題的發展，也可以考慮投資主題型 ETF ！這三種類型的 ETF 差異如下：

市值型 ETF：跟隨大盤指數的成長，有機會獲得較高報酬。

主題型 ETF：看好某項產業發展前景，押注國際或國內前幾大的公司為主。

高股息 ETF：穩定現金流的收入來源，可逢低加碼。

（資產到達一定程度的朋友也可考慮債券型 ETF。）

有人會覺得我在講幹話，錢不夠是要怎麼買三種？別擔心！我也是過來人，你的感覺我完全懂。我的建議是先養大

其中一種，然後再將資金慢慢慢配置到其他兩種。底下我們
簡單介紹一下國內市值型與高股息 ETF 的重點。

 市值型 ETF

台灣最據代表性的莫非元大台灣 50（0050）與富邦台
50（006208）了，但其實後續各家投信也出了像是富邦公司
治理（00692）、元大臺灣 ESG 永續（00850）、國泰台灣
領袖 50（00922）、群益台灣 ESG 低碳 50（00923）等。

目前規模最大的仍然為最老牌的 0050 以及 006208 這兩
檔，後續推出的市值型 ETF 多加了一些篩選因子以及持股佔
比限制，表現也不錯，其實都可以考慮。

我個人是持有 006208 以及 00922 兩檔作為比較，使用
定期定額持續扣款中。

挑選市值型 ETF 的重點只有一個：就是總管理費用，選
最低的就對了。基本上後面推出的低碳排篩選機制，需要等
待台灣碳稅新制上路，才有可能起化學作用。但說真的若課
碳稅，高碳排的公司獲利受到衝擊而下滑，自然會使得股價
下跌、市值縮水，也自然會被踢出名單，因此不知道怎麼選，
就選最老牌的吧！

 高股息 ETF

先前閱讀郭俊宏老師的《最強配息型 ETF 全攻略》時，覺得非常心領神會，覺得自己就是一路實踐這樣的模式，唯一的差別在於我多年以來都存個股，現在因為高股息 ETF 可以更分散風險，又有不錯的配息殖利率，那我為何不投資呢？

在研究公司的時候，有一個很關鍵的指標叫做「自由現金流量」，也就是公司每個時期有多少可以自由運用的現金。同樣的道理套用在自身，若每季或每月有足夠的現金流量供我們自由運用，那麼不管是生活開銷、房貸或卡費，甚至是定期定額、逢低加碼，都是選項。

有了現金流，才有選擇的底氣。

我直到近兩年才開始買市值型 ETF，看似好像錯過了指數漲幅，但其實也很幸運的挑到幾檔優質股票，資產增長速度也還可以接受。雖然慢了點，但依照我現在每年的股息收入，有充沛的現金流可以調兵遣將，配置到適合的 ETF，繼續穩健地成長，個人體感是覺得相當滿意。

購買高股息 ETF 的重點

現在因為高股息 ETF 推陳出新，季配息已經不稀奇，連月配息 ETF 都不斷的掛牌上市。到底要怎麼挑比較適合呢？我有幾個淺見供大家參考：

1. 注重產業分布：

儘量分散在各種產業，而不要單壓某一種產業。若單支 ETF 全部都是科技股，那最好搭配另一檔傳產、金融或通訊電信為主的 ETF 以達分散風險的配置。

2. 配息穩定：

因為現在的高息 ETF 都有配置平準金機制，因此配息比較不會忽高忽低，只要觀察過去幾年配息落差不至於太大，配息殖利率穩健，那就可以考慮。

3. 填息時間短：

通常越是穩定的高息 ETF，填息時間都越短，填息時間儘量選擇在 30 天內的 ETF 比較好。

4. 規模大與流動性高：

規模越大，代表流動性越高，而且通常規模越大的 ETF 管理費也會較為低廉。

5. 選股的機制：

我個人喜歡「穩定」、「ROE」、「獲利」、「低波動」、「剔除景氣循環股」等因子，因為穩定中求成長是我的投資核心哲學。

至於新掛牌的 ETF，因為選股邏輯越來越類似，也會導致成分股的重疊性越來越高。成分股重疊性高會有「齊漲齊跌」的效應，這其實是一把雙面刃，必須謹慎看待，評估自己是否有辦法承受 ETF 也有跟個股一樣的波動？年輕朋友比較有時間可以承受波動，或許可以把比較積極的「動能」、「成長」因子列為選擇。

剛出社會的小資族朋友，若是每個月能有 6000 元的投資，就看你是積極型還是保守型的投資人來作調整。如果是積極型投資人，那就全部投入 0050，若為保守型就買 0056 吧！當然把這筆錢各半投入高股息與市值型的 ETF 是個不錯的選擇。隨著年資增長，理論上薪水與股息也會逐步增加，

每個月可以投入的金額也會越來越多，這個複利滾動的雪球就成形了。

 ## 熱門的高股息 ETF

台灣人熱愛投資高股息，近年高股息 ETF 也有數檔規模超過千億以上，以下我們簡單介紹幾檔人氣暴棚的 ETF。

1. 元大高股息（0056）

0056 全名為元大台灣高股息 ETF，以台灣 50 指數及台灣中型 100 指數共 150 檔成分股作為採樣母體，並以流通性及「未來一年預測現金股利殖利率最高」來選取 50 檔股票作為成分股。

2. 國泰永續高股息（00878）

00878 是從「MSCI 台灣永續高股息指數」成分股的 89 檔公司進行篩選，藉由 ESG 評分、獲利穩健以及高殖利率三大篩選機制，從中找尋符合以下條件的 30 間公司，並於每年 5 月和 11 月進行成分股定期審核。00878 的特性具有抗跌追漲的性質，產業分布在金融類股佔比也是高股息 ETF 中較高的一檔。

3. 元大高息低波 (00713)

00713 追蹤「台灣指數公司特選高股息低波動指數」，從台灣前 250 大市值公司股票中，選取高股利、營運穩定、高權益報酬率（ROE）與股價波動低的 50 檔股票，產業分布廣泛，從電信通訊到食品環保，配置得很平均。這檔 ETF 雖然號稱低波，但從發行至今也交出了非常漂亮的成績單。

4. 群益精選高息 (00919)

00919 主要篩選「高股利率」的股票共 30 檔做為成分股，除了以股利率進行篩選， 00919 也將流動性和獲利能力納入篩選因子。成分股產業涵蓋各個領域，其中以半導體、航運類股以及電腦和周邊設備為主。

5. 凱基優選高股息 (00915)

00915 追蹤「台灣指數公司特選臺灣上市上櫃多因子優選高股息 30 指數」，透過市值、流動性、財務指標、股價表現、波動度及股利率等因子，篩選出低波動、高股息的大公司作為成分股，近年表現也相當不俗。

畢竟台灣是科技島國，電子與半導體是我們的強項，因此如果看好這個領域的話，可以考慮佈局半導體為主的

ETF。我在 2023 年下半年也開始買進數檔 ETF，參與台灣的高科技市場。但還是提醒新手朋友，月月配息 ETF 不能單看殖利率，而是要穩定填息才是重點。「選股邏輯不重複」、「高殖利率」、「高填息率」這三個重點請先擺在前頭，免得買到一堆重複性質的 ETF，就沒有達到「分散」的效果了。

而前陣子聽到關於買高股息 ETF 會睡公園的論點，我認為只是為了要傳遞指數化投資有最好的預期報酬率，是出自於好意的提醒，但標題是真的誇大了！畢竟有許多存股前輩，靠著股息收入養家活口，甚至買房，達到財務自由。我們有家庭、有孩子的起跑點，一定比單身族的讀者要落後很多，連我們都可以做到了，相信你一定也可以靠著存股領息達到財富自由。

存股領息不會睡公園。要睡，也是睡豪華飯店！

 常見的月月配組合

近年的高股息 ETF 都採用季配息，就連老牌的 0056 也跟進了。而前陣子推出的 00929、00939、00940 等月配息 ETF，更是掀起一股月配息風潮，其中 00940 還創下空前的

募集資金記錄！

　　如果想要單純每月領息，我認為直接買入 00929 或
00940 就可以了。但如果想要產業分散一些，不妨參考以下
的表格：

ETF 代碼	規模	除息月份	篩選月份	總管理費
0056	3028 億	1,4,7,10	每年 6 月、12 月	0.56%
00878	2971 億	2,5,8,11	每年 5 月、11 月	0.46%
00713	774 億	3,6,9,12	每年 6 月、12 月	0.72%
00915	167 億	3,6,9,12	每年 6 月、12 月	1.22%
00919	2271 億	3,6,9,12	每年 5 月、12 月	0.90%

資料來源：作者整理（截至 2024.6）

ETF 代碼	產業配置佔比前三大類別
0056	電子工業 63.6%；金融保險業 10.68%；傳統產業 11.04%
00878	電腦及周邊設備業 31.41%；金融保險業 21.77%；半導體業 15.6%
00713	通訊網路業 14.25%；食品工業 11.09%；其他電子產業 11.06%

ETF 代碼	產業配置佔比前三大類別
00915	半導體業 15.28%；電子零組件業 13.81%； 其他電子業 12.14%
00919	半導體業 43.79%；航運業 11.82%； 電子零組件業 8.98%

資料來源：各家投信公司，作者整理截至 2024.6

　　由上述兩個表格可知道，若自己組合月月配，若想要單純一點，可以直接買進 00929、00939 或 00940 這類月配型 ETF。但若要顧及產業分散，可以參考上述五檔熱門的高股息 ETF，按照自己的喜好進行搭配組合。

　　雖然高股息 ETF 的殖利率很吸引人，但大家也發現其實管理費用也相對較高。因此若你是長期持有的朋友，我會建議你把股票出借，賺點利息抵銷這些管理費用。不管怎麼說，我們投資看得不只是高殖利率，而要關注總報酬率！

高息 ETF 的配息續航力

以前殖利率有 6% 就可以號稱「高股息」，但現在的高股息 ETF 因為有平準金機制，年化 6% 已經淪為地板，上看 10% 的似乎也成了常態。我們知道指數投資長期的報酬率也不過 7 ～ 8%，這種 10% 的年化殖利率簡直是不可思議！究竟這樣的年化殖利率可以維持多久？

其實高股息 ETF 的「息」有一部份是來自於「收益平準金」，而另一部份則是來自於「資本損益平準金」。現在金管會規範得相當嚴謹，我們只要上網搜尋「淨值組成」，就可以看到各家高息 ETF，在每日結算中的淨值組成了。

 ETF 的淨值由三大項所構成

A：面額

B：收益平準金

C：資本損益平準金

其中 A 面額是固定的，而且不能配發。因此我們收到的「息」，會由 B+C 這兩項裡頭分配出來，至於分配的比例、先後次序，要根據金管會最新規定，以及各家投信發行的說明書而定。

羅列熱門的幾項高股息 ETF，平準金總和佔淨值比重如圖，截至撰寫本書的 8 月份，我們可以看到，熱門的幾大高息 ETF，佔比都還不錯。

標的	面額	收益平準金	資本平準金	淨值	平準金佔比
0056	25	5.08	5.52	35.60	29.77%
00713	30	3.78	20.85	54.63	45.08%
00878	15	1.02	5.29	21.31	29.61%
00915	15	1.46	8.97	25.43	41.01%
00919	15	1.77	5.99	22.76	34.09%

資料來源：各家投信公司，作者整理截至 2024.8.5

雖然平準金會浮動，但我想這仍然是一個值得參考的數據。我們可觀察過去幾次配息後平準金佔比的變化，並且關

注每次各家投信公告。（當然這僅限於有配置平準金機制的ETF）只要平準金仍然充裕，我想配息的部分應該就不用太過擔心。

雖然領息有一部份是平準金，被戲稱為左手換右手，只要「能填息」、「持續配」、「股價漲」，手越換越粗又有何妨呢？我們繼續看下去。

雖然帳上的配息金額還算充裕，但我也不禁思考，若今天遇到空頭市場崩盤，資本損益平準金的餘額是否會大幅縮水？然後導致配息殖利率大幅下降？進而引發存股族跳船潮？這些都需要事先考慮，再來做好你的投資金額配置。

ETF股價要大跳水也不是不可能，因此除了定期定額扣款，我會在合適的時機點手動加碼較多金額。

「逢低買進」不僅是勝利的保障，更是一種心態的練習。

因為大家都愛ETF，我還是由衷盼望這些高息ETF都配息高又填息快，價值也能逐漸增長，希望我們的經理費與管理費沒有白繳！

重點整理：

1. 先思考自己適合投資市值型或者高股息型 ETF，兩者都買也可以。

2. 若不想錯過科技發展，投資主題型 ETF 就對了。

3. 挑選總管理費用率最低的就好。

4. 關注高股息 ETF 的淨值組成變化，平準金佔淨值比越高越好。

5. 超過 10% 的殖利率可能不會是長久的常態。

股息流

第六章

投資策略與
賣出原則

股票估值

師父領進門，修行在個人。投資股票最重要的就是價格。

股神巴菲特教導我們：「我們買進的是價值，而非價格。」這句話一點也沒錯，但是好公司並不代表好投資，試問本益比高達 50 倍的可口可樂公司股票，你會想要買嗎？

也因此估算「公司的合理價值」就顯得至關重要。在閱讀學習許多投資知識之後，我發現估值方式百百種，有本益比評價法、殖利率推估法、現金流折現法、本淨比評價法、PEG 評價法……琳瑯滿目，真的學不完！而且不同公司適用的估值方式也不盡相同，實在很難一言以蔽之。

因此我縮小自己的選股範圍，只挑選簡單易懂的公司或 ETF，利用簡單的本益比及殖利率推估法來進行判斷，以下簡單舉例介紹三種估值方式。

✚ 1. 本益比評價法

本益比意指「現在買進，需要幾年回本」，計算公式為：

$$本益比 = \frac{（現在股價（Price））}{（年度每股盈餘（EPS））}$$

其實本益比的估算方式，有「歷史本益比」與「未來本益比」兩種方式：

歷史本益比：採用近 4 季的每股盈餘作為分母
未來本益比：預估未來幾年內的每股盈餘作為分母

我們在許多量化網站上查詢到的本益比，大多都為歷史本益比；而法人券商的研究報告中，通常會列出未來本益比，以及目標價的預估。

類型	代表公司	本益比
低成長公司	某些特殊產業類股	小於 12 倍
穩定成長公司	崑鼎、德麥、神基	介於 12 至 18 倍之間
高成長公司	台積電、輝達	20 至 30 倍甚至更高

本益比雖代表回本年數，但卻也不是越低越好，也不是越高就越不好。

舉例來說，台積電（2330）在 2024 年的本益比一直落在 20 倍之上，難道真的要投資 20 年才會回本嗎？其實不然！

因為台積電的未來幾年會有可觀的成長性，導致每股盈餘會逐漸上升，因此未來本益比其實可能遠低於 20 倍，這「隱藏的福利」也大幅增加了投資人想要購買的念頭。通常高本益比的公司，都是因對未來前景感到樂觀，市場才會賦予其高本益比。但有時候高成長公司發展不如預期，造成本益比大幅增加，也會連帶造成股價下滑，這也是很可怕的事情。而觀察一家公司的本益比，有幾項重點：

1. 跟過去的自己比較

2. 與「同類型」產業競爭對手比較

3. 推測公司未來發展，換算合理的未來本益比

　　一般來說，我們不容易預估未來的 EPS，因此我通常會改用平均本益比的方式，來作為估值的做法。底下我以平均本益比法來估算神基（3005）的價格說明：

　　步驟 1：我們到永豐金證券網站，輸入神基的代號 3005。

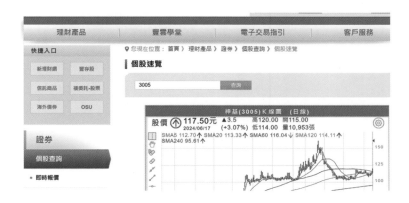

圖：永豐金證券查詢個股資料

　　步驟 2：點選左側的「基本資料」，拉至最下方。此處我們可以看見過去幾年的最高本益比、最低本益比等資料。

圖：基本資料查詢過去本益比

　　步驟 3：計算過去八年的歷史最高本益比「平均值」作為昂貴本益比，而過去八年歷史最低本益比的「平均值」則作為便宜本益比。將兩平均數據再取平均，得到合理本益比。

　　根據上表，過去八年神基的歷史最高本益比平均為 16.615 倍；而過去八年的歷史最低本益比平均為 9.955 倍；兩者平均為 13.285 倍。

　　步驟 4：以近四季 EPS 分別乘上昂貴、便宜及合理本益比，可得出昂貴價、便宜價以及合理價。

　　點選左側選單「財務分析」的「損益季表」，拉至最下方可看見逐季的 EPS，我們用最近四季的 EPS 加總來推估。

加權平均股數	611	607	607	607	604	601	601	600
發放特別股股息	0	0	0	0	0	0	0	0
常續性稅後淨利	1,107	1,004	1,104	876	723	1,105	799	271
庫藏股數 - 母公司	0	0	0	0	0	0	0	0
庫藏股數 - 子公司持有母公司股票或其他	0	0	0	0	0	0	0	0
庫藏股數（母持及子持母）	0	0	0	0	0	0	0	0
稅前息前淨利	1,451	1,224	1,450	1,349	981	1,253	1,000	298
稅前息前折舊前淨利	1,778	1,562	1,782	1,682	1,308	1,591	1,319	614

圖：查詢過去四季的 EPS

　　根據數據，近四季 EPS 加總為 6.71 元。因此我們推估價格如下：

便宜價：6.71 × 9.955 = 66.80 元

合理價：6.71 × 13.285 =89.14 元

昂貴價：6.71 × 16.615 =111.48 元

但因為過去四季的本益比會無法計算未來的成長性。因此參考了公司的財務預測，以及法人的研究報告後，我會稍微調整未來四季的本益比。許多法人預估 2024 年會有 10% 的成長，因此我們大致抓 7 元作為 2024 的預估 EPS，而 2025 的 EPS 則以 7.7 元來計算。

若用未來本益比來計算，則上面的估值會如下表所示：

價位／年度	2024 年	2025 年
便宜價	7 × 9.955 =69.7	7.7 × 9.955 =76.6
合理價	7 × 13.285 =92.9	7.7 × 13.285 =102.3
昂貴價	7 × 16.615 =116.3	7.7 × 16.615 =127.9

以截至 2024 年 6 月 21 日的收盤價 120.5 來看，其實股價已然反應至明年，因此暫時不宜追高，。若有回檔至 105 元附近則可以逢低慢慢以零股方式買入。

我們可以再搭配本益比河流圖，觀察目前股價的位階，來判斷屬於高檔或低檔。雖然本益比河流圖是過去的資料畫出來的，但仍然有參考價值。以下圖例為財報狗查詢所示。

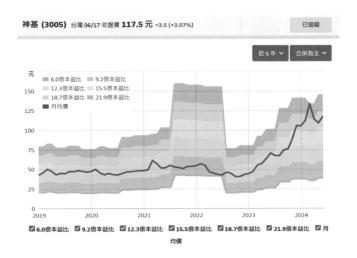

圖：本益比河流圖觀察評估

步驟 5：我們可以在合理價以下分批買進，在昂貴價選擇賣出。

　　雖然本益比評價法很方便，但其實還是要參考公司未來的成長性，稍微做估價的調整會比較準確。以最近業績很夯的 AI 概念股如廣達、緯創等公司，因為預估未來獲利成長較高，因此股價的估值也反應至 2 ～ 3 年後的數據了。這未必是壞事，但因為「未來沒有人能夠確定」，因此最好還是買在合理價位以下比較安全。

✚ 2. 殖利率估價法

這個方法對於高股息 ETF 來說相當實用，因為 ETF 並沒有本益比，因此殖利率變成了大家買進的首要考量。我們底下以目前規模最大的高股息 ETF 國泰永續高股息 00878 為例子說明：

截至筆者打下這段文字之際，00878 過去四季一共配發了 1.61 元的股息。

但因為 2024 年各家投信卯足全力用力配息，因此上半年兩季 00878 總共就配了 0.91 元，因此今年配息也有可能來到 1.7 元。若按照底下不同殖利率的推算，我們分為兩個計算版本：

殖利率／配息	保守估計配 1.6 元	合理估計配 1.7 元
6%	1.6 ／ 6% = 26.66	1.7 ／ 6% = 28.33
7%	1.6 ／ 7% = 22.85	1.7 ／ 7% = 24.28
8%	1.6 ／ 8% = 20	1.7 ／ 8% = 21.25

再舉一檔熱度爆表的高股息 ETF 為例：群益精選高息 00919 為例，動輒超過 10% 的殖利率也是超吸引人。在今年

前兩季一共配發了 1.36 元的驚人數字！按照整年推算，配發
2.5 元應該是輕而易舉。我們一樣做兩個版本的試算如下：

殖利率／配息	保守估計配 2.5 元	合理估計配 2.6 元
8%	2.5 ／ 8% = 31.25	2.6 ／ 8% = 32.5
9%	2.5 ／ 9% = 27.77	2.6 ／ 9% = 28.88
10%	2.5 ／ 10% = 25	2.6 ／ 10% = 26

但這裡還是得提醒讀者，年化殖利率也只是預估，而且
「殖利率」不等於「報酬率」！通常因為配息創新高而登上
新聞時，股價都是相對高價位，我們也要小心不要賺了利息
而賠了價差，切記因為看到高殖利率吸引人，就大手一揮把
資金 ALL IN 了！

再者，因為從去年開始一路到今年 6 月，因為 AI 崛起
造成台股為多頭走勢，大多數 ETF 也紛紛創下歷史新高。
一旦局勢反轉進入空頭或熊市，ETF 的配息能力必定也會縮
水。先有「最壞的打算」，並且做好萬全的資金準備，我們
才能安穩的持有，並有餘裕可以逢低加碼攤平。

✚ 3.PEG 評價法

PEG 中文稱為「本益成長比」，是由英國投資大師吉姆史萊特（Jim Slater）提出，而後被彼得林區（Peter Lynch）發揚光大。這套方法很適合找出具有成長潛力的股票，底下我們稍做說明。

$$本益成長比\ PEG = \frac{預估本益比}{預估成長率}$$

根據史萊特在其知名著作《祖魯法則》中提到，PEG 不超過 0.75，最好是低於 0.66，且於成長率 12.5% 至 17.5% 之間比較有用。為什麼我們會希望可以用 PEG 評價法來輔助估值呢？畢竟成長股的本益比通常都不會低於 20 倍，若單純使用本益比評價法，很有可能錯失超級成長股的機會！

這個時候藉由 PEG 估值來幫忙，就有機會可以挑選到具有強大成長力的公司。在祖魯法則中，史萊特將 PEG 估值的數字作了以下 PEG 估值分類：

PEG 估值分類		
倍數	股價	建議操作
高於 1.2 倍	高估	賣出
等於 1 倍	合理	持有

PEG 估值分類		
倍數	股價	建議操作
低於 0.75 倍	低估	買進

　　但史萊特也特別強調，PEG 過低也不是好事情。若PEG 數值太小，有可能是選到短期內獲利起伏太大的公司，這間公司股價有可能先盛後衰，反而會造成投資人虧損。因此史萊特建議我們選擇 PEG 介於 0.66 ～ 0.75 的公司比較安全。

　　台股網站幾乎沒有查詢 PEG 評價的資料，畢竟預估成長率與預估本益比各家評估不盡相同，只能自己推算了。我們以近年最夯的 AI 股輝達與台灣護國神山台積電為例說明：

　　在 2023 年時，輝達跟台積電的股價還沒有飆漲，但於2024 年 AI 科技大爆發，這兩間公司的股價也出現了驚人的漲幅。有人說漲這麼多了，還可以買嗎？我們來看看由先探雜誌提供的 PEG 估值資料：

年度／公司	2023 年	2024 年
輝達	1.92	0.86
台積電	2.45	0.97

從上述資料我們發現，股價漲多，但是 PEG 估值反而下降了！代表這兩家公司其實仍處於高速成長的階段。所以股價漲多，就不能買嗎？看起來好像也未必，端看你追求的是穩定還是成長。

以前傻傻的不懂使用不同估值方法評估，因此我持有的台積電（2330）在 600 元的時候就賣光了，但進入 2024 年，我也承認自己的錯誤，開始用零股的方式慢慢買回，另外於今年 4 月份也開始買入鴻海（2317），參與 AI 的科技盛世。

無論是哪一種評價方式，都不能肯定有絕對的準確度，還是得因地制宜適度的調整；但如巴菲特所言：「我們寧可大致正確，也好過精準的錯誤。」估值是一門學問，找到自己得心應手的方式，並且為自己帶來穩定的成長，就代表你走在成功的路上。

存股策略

說實話投資除了運氣，也需要下很大的功夫。這跟智商沒有關係，跟個性和心態比較有關係。巴菲特說：「Investing is simple，but not easy.」大意也是如此。我們必須建立一個長期存股的心態及流程，才能持之以恆地重複執行，直到複利的雪球越滾越大。我的存股流程大至上分為三個步驟：

第一步：從生活周遭觀察公司名單

生活選股也是一種廣受歡迎的投資方式，雖然台灣是科技島國，但其實許多民生必需品的公司獲利也是相當良好穩健，例如統一、卜蜂、大成、中華食、大統益、聯華食、櫻花、崇友、大樹藥局等，又或是人力資源平台如104、數字科技等兩大網路平台，也是許多人未曾注意到的好公司。

我買進的第一檔民生必需股票，是華倫老師推薦的中華

食（4205），當年買在48元附近，如今一轉眼七、八年過去，不算配股配息的股價也來到了100元左右。這類股票因為成交量小，股權也相當集中，因此與大盤的連動性也較低，因此比較不會受大盤大漲大跌而有劇烈的波動。

話雖如此，當大崩盤的時候，任何好股票都難逃下跌的命運，因此股票下跌到底是要「買」還是「賣」，端看你選擇的公司是不是值得繼續投入？

舉例來說，在2020年3月新冠疫情肆虐之際，台灣焚化發電的霸主崑鼎（6803）一度重挫至176元，但後來隨著疫情趨緩，股價也在二、三年內回升突破300元大關。

第二步：估算合理價值

估值方式百百種，有人用本益比、股價淨值比，有人用殖利率，又或者比較進階的現金流折現法，其實都沒有錯。我們只要大約正確，也總勝過精準的錯誤，對吧？

前面有介紹過估值的方式，通常市場比較常使用的方式為本益比估價法。

我們鎖定本益比介於12～18倍的穩定成長股，在合理

偏低的價位買入，通常都會有不錯的回報。

　　這邊也要特別小心，成長股的本益比通常高達 25 倍甚至 30 倍以上，為什麼呢？原因是專家法人報告已經把未來幾年的獲利算進去了，因此股價往往已經「預先反應」，一旦成長不如預期，那股價下修的速度也是像雪崩一樣可怕！因此高本益比的成長型股票，最好搭配 PEG 評價法來參考會比較妥當。

 第三步：抓取安全邊際

　　安全邊際（Margin of Safety）一詞是由巴菲特的老師葛拉漢所提出，意指我們在估算價值時，要用更保守的價格來買進，進而避免因為估值失誤而產生的虧損風險。通常我會習慣計算合理價格之後，再打 8 ～ 9 折才開始買進。例如前面以本益比評價法推算的神基（3005），合理價格為 90 ～ 100 元附近。如 2024 年 8 月 5 日股災當天，神基一度跌至 95 元以下，我也逢低買了一些。

1. 定期定額買入

　　使用券商軟體設定好每月扣款次數、扣款金額就可以了，有的軟體還可以設定遇到下跌時可以加碼扣款，而且定

期定額有一個好處,就是「不會違約交割」,這個方法很適用於定存股或 ETF。

2. 逢低手動買入

平時觀察股價情形,如果股價低於近 5 年的平均本益比,獲利又沒有明顯衰退時,就可以開始買進。如果股價繼續跌呢?

假如我們買的公司產品是人們天天都要消費、都要使用的,那公司打折出售,焉有不買之理?但這點相當考驗人性,需要經過多年練習才有辦法做到。

所以我個人會在合理價位先建立小部位,然後「見綠就買,小跌小買,大跌大買」。先持有少量股票無妨,因為「自己有買」,就會特別關注這家公司的每月營收、每季財報等狀況等訊息。

3. 賣出

賣出股票有分為停損與停利兩種,一種是紀律,一種是藝術。

「停損」是投資裡頭一門重要的功課,若沒有即時停損,也會讓自己蒙受鉅額損失,我自己就有慘痛的經驗(如第一章所述)。

萬一公司獲利下滑，股價肯定會下跌，我們該怎麼處理？這邊我們會判斷這個獲利下滑的原因是一次性？還是常態？是大環境影響？還是純屬意外？

如果是一次性的利空，那我們可以趁跌破合理價的時候，手動加碼買進。

但若無法判斷，公司又連續兩季出現衰退，我認為無論賺賠都應該要即時賣出。有時候公司遭遇逆風，也許會長達數年之久。先撇開賠錢不說，光是時間成本的消耗就顯得不划算！

何時該「停利」呢？

這其實沒有標準答案，若想要保持現金流製造機，其實是可以不需要停利的。試想你在幾年前買的股票價格，後來殖利率高達 10% 以上，停利是可以賺到錢，但要再找到下一檔殖利率 10% 的股票似乎不太容易。

但我近年做法也有所調整，當股票的價格過高時，我也會傾向賣出股票。

過高的原則通常會以「本益比超過原本幅度太多」，例如平均本益比為 15 倍的公司，突然漲到 50 ～ 60 倍，而且 PEG 估值超過 1 倍，這恐怕不是什麼好事情。「高本益比」雖然帶來高成長，但也相對帶來高風險，這種案例實在是不

勝枚舉，最好還是使用多方估值加以比較，並且做好資產配置，會比較安全一些。

其實不管賺多賺少，只要有獲利，我們就應該要心存感謝。感謝公司與我們分享獲利，用感恩的心情接受，就算後面沒有賺到，心裡也會覺得很舒坦。因為「懂得感謝」就是一種最高境界的涵養，抱持著這種信念，相信市場也會給我們正向的循環，讓我們享受複利的喜悅。

賣出股票的時機點

　　除了發現估值過高可以停利之外，學會停損也是非常的重要。活下來，才有機會繼續往前走。發現公司有後面所述五個衰退警訊時，一定要果斷賣出股票！千萬不可跟股票談戀愛，否則通常下場都會很悽慘。

　　至於套牢的股票，又不確定未來的情況，到底要不要賣呢？我的做法是：「若局勢不明，又發現有更好的標的，我就會賣出換股」。這套做法在近年執行得還算順利，也彌補了我投資中概股的虧損金額，也讓我深刻學到「停損」與「果斷換股」的重要性。

　　但其實投資真的很難說。這邊也來說一個真實故事：

　　有位投資朋友人稱 R 君，他在 6 年前投資了一家公司優群（3217），一次就買了 50 張，買入價位是 32 元。後來優群不斷飆漲，過程中身邊的親友紛紛勸說他趕快賣掉，直到

股價漲至 120 元，R 君仍然不為所動，繼續認真工作存錢，也抱緊股票繼續領股息。但好景不常，優群後來因為獲利下滑，股價後來跌至 70 元附近，R 君判斷這個價位比現金增資還便宜，又加碼了 40 張。

一般人看到股價從 120 元跌至 70 元，應該早就紛紛跳船逃走了，怎麼還有心情加碼呢？但 R 君這個加碼的舉動，讓他到 2024 年優群價格來到 160 元時，帳面獲利已經超過八位數，還不算這幾年領的數十萬股息呢！

你說投資是不是很奇妙呢？長期持有到底是「奇蹟自來」，還是「悲從中來」？有時候還真的只是一線之隔，但心裡承受的壓力肯定不是一般人能想像的。也許我繼續再抱著中概股 10 年，說不定會漲 5 倍！但誰知道呢？只能從錯誤經驗中不斷的學習修正，並且繼續向前走。但願我們都能抱到真正有價值的好公司！

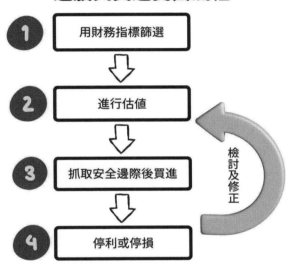

圖：投資流程策略

公司衰退的五大警訊

一旦公司出現衰退，一定要果斷賣出股票！底下我們稍微簡單分類一下五個常見的警訊：

1. **獲利連續兩季衰退**
2. **財務長等高階主管職位異動，且原因不明**

3. 查核財報的會計師不願出具意見

4. 大股東、機構投資人持續賣出股票

5. 財報有造假疑慮

對於新手投資人來說，除了第五點需要有閱讀財報的能力之外，其餘四點都可以藉由網站查詢得到資訊。最好用的網站還是非「公開觀測資訊站」莫屬，所有相關的訊息都依法規定必須在這裡公布。前述四點都可以直接查詢，但第五點的財報造假，要看出端倪就需要有相當的底子，這部分需要仔細研讀財報相關書籍，屬於進階投資者的範疇！我個人也會避開財報錯綜複雜的公司，選擇相對簡單易讀的公司來研究。

避開地雷股，是不賠錢的第一步。能夠少走冤枉路，對投資而言絕對是利大於弊！若投資朋友對財報書籍有興趣，我誠摯的推薦張明輝老師的《大會計師教你看財報》系列，絕對會讓你大有斬獲。

重點整理：

1. ETF 是新手入門練功的好選擇。

2. 市值型還是高股息型？端看自己選擇。

3. 高股息 ETF 還是要注重總報酬率。

4. 存股的流程需要檢討與反思。

5. 存股遇到特殊情形需要果斷賣出。

第七章

存股人生的
致富心法

存股心態的養成

　　存股這兩個字打起來很容易，但要堅持十年以上卻很難。因為人類大腦趨避損失的天性，我們厭惡虧損的強度是等價獲利的兩倍以上。這也是為什麼大跌的時候，很多嘴上說要長期投資的人，都會紛紛跳船下車，無非是期待可以保住本金或止損。

　　存股的第一門功課，就是要練習與帳面虧損共處。因為黑天鵝的肥尾效應，我們無法預測 2020 年的新冠疫情；2022 年的戰爭與暴力升息；2024 年四月與八月的大逃殺……天知道什麼時候會發生什麼事？

　　有人會說，等崩盤再進場就好了啊！其實這陷入了「後見之明」偏誤與「定錨效應」。前者意指事後會覺得自己想的是正確的，但事前其實根本沒有預料到，或者根本沒有做

到；後者是指人在做決定時，很容易受第一印象支配，甚至將此做為調整的基準點。例如台股 12686 點曾經被認為是天花板，現在看起來卻像是地板一樣，許多老人家因此錯失了許多投資的機會。

在崩盤的時候心理壓力之大，看著損益越來越多，那種感受絕對不是用講的這麼簡單，也無怪乎逆勢投資而成功的人屈指可數。

既然這麼困難，身為新手小白，該怎麼做呢？我以自己的經歷與大家分享：

1. 存股新手期（1 ～ 3 年）

可以選擇金融股或 ETF，作為定期定額的存股標的。或者買 ETF 省去選股的困擾。定期定額的好處就是不用擇時進場，在《持續買進》一書中的作者身為統計學家，他回測歷史也證明擇時進場的長期報酬率，不會比定期定額好到哪裡去。

一定要撐過前三年，不管市場怎麼漲跌，目標設定在 10 張，等到累積成功，再把目標加倍成 20 張～ 30 張，你的新手練功期就算畢業了。

2. 投資中期（3 ～ 10 年）

這個階段除了繼續累積張數之外，我們也可以試著開始研究產業中，具有獨占壟斷優勢的護城河公司，學習看懂各項財務指標，逐漸擴大自己的能力圈。有時候可以意外地發現潛力股公司，尋找帶有 50% ～ 100% 報酬的標的。但切記資金配比的重要性，不要一頭熱的 All IN 重壓，以免一個閃失毀了前幾年的累積。

3. 投資穩定期（10 年以上）

投資十年，若能從中學習經驗與檢討，資產應該也有累積幾桶金了。在這個階段應該也逐漸建構出自己的投資哲學，對適合自己的投資方式也越發得心應手，在投資績效上也會趨於穩定，並且更注重資產配置的重要性。

年輕朋友可能大多還處在第一階段，其實致富不需要太心急，許多看似富貴顯中求的高手，心裡所承受的壓力絕對不是你我可以想像和可以承擔的。股市能夠大賺一筆的人都是頂尖中的頂尖，絕非你我可以輕易做到。

但我們也不要妄自菲薄，不要太害怕股市下跌。只要你確定你買的是好公司，或者代表整體市場的 ETF 下跌，那代表你可以買得更便宜，對我們長期持有的股東來說，其實是

好事情。

　　記得巴菲特曾說過一段話，讓我印象深刻：「查理（指已故的查理蒙格）跟我一點也不心急，只要我們不寅吃卯糧，我們知道遲早有一天會變得很有錢。」不跟他人比較，因為我們都有自己的步調。

　　慢慢存、慢慢累積，覺得市場過熱就投資少一點，覺得恐慌就多存一點，久了你就會摸索出一套最舒適的投資方式。祝福大家都能在存股路上，找到自己的節奏，並且堅持十年、二十年。屆時享受自己的果園收成，那股成就感必定相當甜美。

正和遊戲與零和遊戲

投資股票雖然都是買低賣高，但有分成投資與投機兩種方式。投機偏向短線進出，有人賺錢有人賠錢的「零和遊戲」。但若成為長期股東，與公司一同成長共享利益，創造雙贏局面，則稱為正和遊戲。

價值投資之父班傑明・葛拉漢稱投資是「經過仔細研究評估，在確保本金安全的前提下獲取合理報酬的方式」，不符合這種方式則稱為投機。

因為短線進出賺錢很刺激，很吸引人。但當長期股東的過程緩慢而無趣，一般人並不樂意這樣做。葛拉漢更教導我們，若能以經營公司的角度來投資股票，這種心態就勝過九成的人了。

股神巴菲特說過：「投資很單純，但並不容易。」

亞馬遜創辦人貝佐斯也曾問巴菲特：「你的方法這麼簡單，為什麼大家不想用？」股神妙答：「因為人們不想慢慢

變有錢。」

是啊！我自己在股市裡打滾十多年，有時候也遇到存股變飆股的情形，那種看著股價飆升、心跳跟著加速的感覺，確實很興奮，但卻也變得很不安，生怕自己沒有賣在最佳價格而猶豫不決。

比起大漲大跌，我還是喜歡「獲利穩定成長」的公司，雖然股價偶有起伏波動，但「股價最後會跟隨盈餘」這句經典名言依然屢試不爽。

近年政府利用降稅鼓勵國人當沖短線交易，吸引許多人加入「衝浪」。

每天賺個 3、5 千，一個月就可以賺 10 幾萬，按一按就賺錢，真有這麼好康？

每次看到論壇上許多當沖的年輕朋友紛紛畢業，實在是很感慨。

姑且不說被當韭菜割的畢業生有多少，我們從數學上來分析看看，或許你會更清醒，當沖真的只是圖個刺激，要財務自由幾乎是不可能的。

假設某個當沖好手每次的勝率是八成。那麼他連贏十次的機率是多少呢？

我們在高中數學有學過「獨立事件」的機率計算，在機率上來說，每次的買賣都是獨立的，也就是說連勝十次的機率為 0.8 的 10 次方，大約是 0.107。

我知道有少數高手真的能靠當沖賺到許多財富，但很遺憾的是，這恐怕不是大多數人能做到的事情，因為他賺到的錢就是大家輸的嘛！

與其參與搏輸贏的「零和遊戲」，把自己搞得神經兮兮，姑且不論高昂的摩擦成本，萬一賠錢而影響家庭、甚至影響到工作，那還不如好好地當好公司的股東，耐心坐等公司成長，與公司共享利益的「正和遊戲」，豈不是單純多了呢？

大家都聽過 1.01 的法則對嗎？讓自己每天進步 1%，連續 365 天之後，我們的成果會變成原本的 37 倍之多！但如果每天退步 1%，連續 365 天之後，我們的實力會只剩下原本的 0.03。聰明如你，應該知道怎麼做了吧？

存股領息又節稅

每到 5 月報稅季節，總是大家最不願意面對的一件事。但自從我開始存股之後，我反而很期待報稅這件事。

股利所得稅申報方式分為：「合併計稅」與「分離計稅」兩種方式。若採取合併計稅，因為股利所得有 8.5% 的扣抵稅額，最高可折抵 8 萬元，用 8 萬元除以 8.5% 回推，可以得到股利所得最高可以來到 941,176 元。

這個策略相當適合 5% 以下稅率級距的朋友，再加上現在高股息 ETF 的收益分配中，只有「54C 股利」這一項需要納入所得稅，像是「資本利得」、「收益平準金」這些項目皆不需課稅，所以其實領息的上限又可以上調。

配息來源	是否課稅
54C 境內 股利所得	單筆超過 2 萬需繳二代健保 2.11% 合併計稅：享 8.5% 扣抵稅額 分離課稅：使用單一稅率 28% 計算
6W 財產 交易所得	不課稅
收益平準金	不課稅

表1：ETF **收益分配是否課稅說明**

項目	合併課稅	分離課稅
邏輯	股利可抵減稅額為 8.5%， 抵減稅額上限 8 萬元	股利和盈餘合計按 28% 分開 計算應納稅額，再合併報繳
公式	〔（年度薪資所得＋年度股利 所得)－（免稅額與扣除額)〕 × 所得稅率 -（股利可抵減稅額）	〔（年度薪資所得） －（免稅額與扣除額)〕 × 所得稅率＋年度股利所得 * 28%
適用	稅率 20% 以下或 股利所得 94 萬以下者	高稅率族群需試算

表 2：**股利計稅方式說明（資料來源：財政部網站）**

　　這邊舉兩個例子簡易試算讓大家參考，可以發現在某個收入範圍內領股息是很划算的事情。

年收 90 萬	沒有股息	含股息 40 萬
淨所得	90 萬－免稅 42.3 萬 ＝ 47.7 萬	90 萬－免稅 42.3 萬 ＝ 47.7 萬
原應繳稅	47.7 萬 × 5% 稅率 ＝ 23850 元	47.7 萬 × 5% 稅率 ＝ 23850 元
股利扣抵	無	40 萬 × 8.5% ＝ 34000 元
應繳稅額	28200 元	23850 － 34000 ＝ 退稅 10150 元

表 3：以 5% 稅率舉例說明（作者整理）

年收 150 萬	含股息 50 萬	含股息 90 萬
淨所得	150 萬－免稅 42.3 萬 ＝ 107.7 萬	150 萬－免稅 42.3 萬 ＝ 107.7 萬
試算	107.7 萬 ×12% － 39200 ＝90040 元	107.7 萬 ×12% － 39200 ＝ 90040 元
股利扣抵	50 萬 × 8.5% ＝ 42500 元	90 萬元 × 8.5% ＝ 76500 元
應繳稅額	90040 － 42500 元 ＝ 47540 元	90040 － 76500 ＝ 13450 元

表 4：以 12% 稅率舉例說明（作者整理）

倘若股息超過 94 萬以後怎麼辦？那麼可以考慮以下幾個方法：

（1）不參與除權息：

在除權息前賣掉，除權息當日買回。

（2）開設公司：

股息屬於未分配盈餘，只需課徵 5% 稅。

（3）增加扣抵稅額：

扶養親屬、捐贈等方式來增加扣抵稅額。

（4）投資海外資產：

海外所得 100 萬元以內皆免稅。

（5）採取分離計稅：

這部分就要試算看看何者比較划算了。

有朋友詢問股票股利要課所得稅嗎？這個答案是肯定的！

股票股利的所得是以「面額 10 元乘上配發的股數」計算，例如持有某公司股票 1 張，配發股票股利 3 元，則股票股利所得為 1,000 ×（3÷10）× 10 = 3,000 元，須計入所得稅課稅。

政府宣布要調高補充保費，我個人是覺得若要為國家盡

一份心力，我們欣然接受。但說存股族領股息是「不勞而
獲」，這我就恕難認同。投資都有風險，為什麼買海外資產
不用課稅，乖乖支持台灣企業認真當股東，領股息就叫做不
勞而獲？所以政府是希望大家都跑去炒短線、做價差？

　　其實從政府調降當沖的稅率，變相鼓勵民眾當沖，讓民
眾不能專心於工作，對國家生產力恐怕有不良影響。我認為
與其這樣做，不如將四大退撫基金多投入台積電、鴻海和聯
發科等優質公司，最好能夠把外資的股權全部買下來，這樣
一來不僅勞保不會破產，這些世界頂尖的公司也能夠帶來更
大的實質利益。真心期盼執政者能夠站在為人民謀福祉的角
度思考，方能讓大家更幸福。

投資跟智商無關

投資不需要高智商，尤其在某些時刻，投資可能反被聰明誤。

大家聽過長期資本公司（Long-Team Capital Mangement）的故事嗎？以下介紹一下這個史上經典的一群高智商菁英份子組成的投資公司，最後慘遭清算的故事。

長期資本管理公司（LTCM）的創辦人名叫梅利韋勒，1947 年出生於芝加哥。

韋勒非常聰明，他靠著獎學金進入西北大學就讀，後來還在芝加哥大學拿到商學學士的學位，畢業後第一份工作就在紐約知名的所羅門公司（Salomon Brothers）上班，主要交易政府公債。他的交易哲學是，錯誤的定價最終將會收斂至平均值，因此如果運用這樣的投機交易套利，最終將能獲利。

1994 年，韋勒成立了長期資本管理公司 LTCM，並找

來了華爾街一群頂尖的菁英加盟，其中包含 1997 年諾貝爾經濟學獎得主 Robert Merton 和 Myron Scholes 還有美國前財政部副部長及美聯儲副主席 David Mullis，並挖角所羅門公司幾個頂尖的債券交易員。這樣的組合在當時可以說是夢幻團隊！

LTCM 主要的交易策略就是利用價格錯置的債券來套利，簡單來說，就是透過數學模型，在債券被低估時買入，在高估時賣出。他們運用一些模型，來評估判斷市場是否有訂價錯誤，有的話就進場執行多空套利。根據他自己的評估，損失最多只佔資產的 20%。

巴菲特與蒙格聽完這計劃之後，內心驚嘆「真是一群精明的傢伙」。但認為他們的計劃過於複雜，並且對槓桿保持疑慮，因此並未出資投資。然而因韋勒在所羅門累積的傲人成績，取得了人們的信賴，因此在短短數個月內，LTCM 募集了 30 億美元以上的資金，創建了當時最大型的對沖基金。

LTCM 成立後的前三年，投資報酬率分別是 20%、43% 以及 41%，投資人資本翻漲 4 倍。一切看似一帆風順，但在 1998 年 8 月份時，由於國際油價下跌，俄羅斯國內經濟惡化，

俄國政府宣布盧布貶值並停止國債交易（意思是政府公然違約），導致投資人紛紛退出發展中市場，轉而去買美國公債這種風險比較小的債券。這期間俄羅斯的債券完全失去了流動性。

由於 LTCM 看錯方向並且使用了高槓桿，最終以大賠收場，當年度的 9 月資產剩下不到 10 億美元，年度報酬率為 -92%，瀕臨破產。但如果公司破產，公司將因此失去在全球市場的價值，總值為一兆兩千五百億美元，相當於美國政府當時一年的預算。

為了防止全球性的經濟崩盤，聯邦準備銀行規劃了緊急救援計劃，最後由美林跟摩根等 14 家銀行出資 36 億美金收購了 LTCM，但最後該基金仍於 2000 年初宣告倒閉。

雖然根據 LTCM 的交易模型是根據大數據統計而來，獲勝的機率也相對高，然而在這個過程中，一些機率很小的事件卻被忽略，而這些小機率的事件一旦發生，將會讓這個投資系統產生難以想像的後果。塔雷伯在其著作《黑天鵝效應》也特別強調，不要以為機率很低的風險就不容易發生，這種現象反而更有可能有「肥尾效應」。（肥尾效應意指極端行情發生的機率增加，可能因為發生一些不尋常的事件，造成

市場上的大震盪。）

韋勒曾經向巴菲特求助，但巴菲特認為為時已晚，因此拒絕出手相助。巴菲特很訝異，一群智商超過 160、投資資歷超過 250 年的老手，竟然會採用如此鉅額的槓桿。巴菲特如此說道：「有一些非常聰明的人，從以往慘痛經驗中學到一個教訓，那就是即使你眼前有一排令人瞠目結舌的數字，最後只要乘以零，你得到的結果還是零。」

LTCM 的故事當年轟動全球，證明投資光靠智商是沒有用的。但隨著時間沖淡記憶，人們也逐漸忘記這起歷史上曾發生的慘劇。近年 AI 大浪潮崛起，當然我們可以參與市場，跟著科技一起賺取資本利得，但請記得任何投資都有風險，風險其實是不能完全量化的。

諾貝爾經濟獎得主繆賽森曾經說過一句經典名言：「數學有一種致命性的誘惑，不要因為這是完美的公式就相信它，總是有需要判斷的空間。」

希望這個故事能讓我們時時警惕，不要過度相信市場分析，要用謹慎、懷疑的態度來看待這一切事物，並且思考「萬一不如預期，會怎麼樣？」或許能讓你安然度過突如其來的黑天鵝事件。

股市崩盤的應對

寫至今日（8/5），除了 2020 新冠疫情、2022 烏俄戰爭的修正之外，台股在 2024 年的 7、8 月份也迎來了超過 4000 點的跌勢，從最高點下跌了將近 19%，網路上也有許多套牢取暖文。這波下殺究竟要稱為修正還是股災？說實在名詞已經不是那麼重要了，財富蒸發不說，融資斷頭殺出也不只是出汁，用出山都不為過！

不過如果我們有做好資產配置，以及現金流的分配，雖然心裡有些不好受，但從另一個角度來看，這也是撿便宜的大好機會。姑且不論股市會不會繼續下跌，我們來看看過去所謂的股災持續的時間以及跌幅：

台股股災回顧史

年份	事件	持續時間	下跌幅度
1997	亞洲金融風暴	17個月	-47%
2000	網路科技泡沫	19個月	-66%
2008	次級房貸風暴	6個月	-57%
2011	美債危機	10個月	-28%
2015	中國股市危機	4個月	-28%
2020	新冠疫情	2個月	-30%
2022	暴力升息+烏俄戰爭	10個月	-32%

出處：維基百科與網路資料　作者整理

　　相信 35 歲以下的年輕朋友鮮少經歷過真正的股災。我也是何其有幸經歷過 2008 年金融風暴的洗禮。雖然當時沒什麼錢，但是看著辛苦賺來的錢瞬間蒸發，那種痛苦真的不是言語可以形容的，我更難以想像要是今日發生 50% 以上的跌幅，那種心理壓力會有多大？

　　每次泡沫的時空背景都不同，但是總是會有一種驚人的相似週期。泡沫並不是壞事，但是若在泡沫中受重傷，失去了投資的意義，那就真的不是好事了。橡樹資本投資的創辦

人霍華馬克斯曾說過：「股市總是在人性的貪婪與恐懼間來回擺盪。」他更傳神的將牛熊市分別區分為三個階段。

馬克斯將牛市的三階段分類如下：

1. 第一階段：只有少數異常知覺敏銳的人相信情況已好轉。
2. 第二階段：越來越多的投資人了解到好轉的情況正在發生。
3. 第三階段：每個人都斷定情況將永遠不斷地變得越來越好。

通常走到第三階段，也就是泡沫即將破掉的時刻。熊市的三階段則如下所述：

1. 第一階段：市場氛圍良好，一片樂觀，只有少數有洞察力的人，認為市場有隱患可能反轉。
2. 第二階段：市場氛圍轉差，大多數認知到情況開始惡化，但仍有人認為局勢很快就會有反轉。
3. 第三階段：幾乎所有人認為情況會一直壞下去，很久才會反轉。

我來說一個小故事：

小明一直是個守法的好公民，每次經過紅綠燈都會遵守交通號誌，會等待綠燈亮起才會前行。但某天他在行經綠燈的途中，卻被違規闖紅燈的卡車攔腰一撞，差點丟掉了小命。

股市裡頭也是如此！身為長期投資者，我們總會認為「長期持有」就是必勝的保證。但我們面對三大法人及許多投機客，以及詭譎多變的國際情勢，就像時常闖紅燈違規的人，會擾亂整個交通秩序，甚至波及到守法的長期投資人。

再好的公司，只要被炒作，一樣會大幅度的震盪，就如同今年的台積電跟鴻海一樣。有人會覺得，為什麼我們投資人要跟著承受這種震盪？為什麼要跟著承受這種心理壓力？承受不住壓力而全部賣出，那麼多年來的心血恐怕會功虧一簣。也因此為什心態是致富的關鍵！

其實我也沒有能力分辨當前的股市是在哪個階段，但我會透過不斷模擬股災來臨的情境，並做好應對方式的練習，以備不時之需。

該怎麼練習呢？試著問自己以下幾個問題：

1. 我能接受多大的虧損程度，而不影響生活？
2. 我能在崩盤的時候，有持續的金流可以逢低買進嗎？
3. 我是否能夠堅持住損失恐懼，不賣出好公司的部位？
4. 我有沒有辦法排解這種心理壓力？
5. 我有沒有一群志同道合的朋友可以一起互相加油打氣？

　　如果上述幾個問題，你的答案都是「否」，那我建議你現在就開始準備。除了緊急預備金，適度的降低槓桿也是必然。另外當空頭來臨時，我會建議你不要看新聞、刪掉手機看盤軟體，儘量多到戶外運動，欣賞大自然風景，或者陪伴家人，當然也可以閱讀投資大師的經典著作，強化自己的信念。甚至可以書寫日記，以便日後驗證自己的思維是否正確。

　　從前面整理的資料可看出，熊市的時間從 3 個月到 19 個月不等，以 2024 年 7、8 月這波修正為例，才一、兩週就有很多人受不了，那若遇到長達半年以上的熊市時，豈不是更可怕？這也是為什麼我一直不開槓桿的原因。開槓桿不是不好，只是這不是我擅長的事情。正因為我知道股市是由人性與資金堆砌而成，而旅鼠效應與程式交易的連鎖反應造成的「崩盤」有多可怕，恐怕許多人都低估了這個嚴重性。

　　崩盤，是財富重新分配的大好機會，而我們該做的就是
準備好抓住這個機會。也難怪投資大師們總是說：「**投資於
準備，而非預測。**」

金融股還能
當存股標的嗎？

近年因為多頭行情不斷，高股息 ETF 因為平準金豐沛，導致屢屢發出破紀錄的殖利率，簡直比市值型還要兇猛！可惜年化殖利率不等於報酬率，而且一兩年的數據不足以代表長期，一旦市場反轉進入空頭，可以想見資本利得必定縮水，連帶殖利率下滑、股價下跌等。

其實我也是會擔心，萬一高股息 ETF 不香了，那大家恐怕也會紛紛拋售。而身邊有不少存股大前輩，核心持股都是金融股，並且都是千張起跳。為何這些大前輩對金融股情有獨鍾呢？其實存金融股有以下四大優勢：

1. 政府監管嚴格，屬於特許行業。
2. 受景氣循環影響低，因為任何消費都需要銀行。

3. 配息穩定，踩雷風險低。
4. 採取官股民營雙重配置，達到風險分散。

　　這是金融存股大前輩陳重銘老師的教戰心法，我早年也因為閱讀了陳老師的書，存了不少合庫金、中信金與玉山金。可是後來幾乎都賣光了，實在可惜！但沒關係，金融股攸關你我平常的食衣住行，不管升息、降息，銀行都還是有辦法賺到錢。所以錢存銀行，倒不如存金融股。

　　我們來看一段今年的新聞摘要：
　　「…依金管會規定，被指定為系統性重要銀行（D-SIBs），也就是俗稱的「大到不能倒」銀行，必須逐年提高資本，普通股比率、第一類資本比率、資本適足率標準，在被指定的四年後，2025 年必須分別達 11%、12.5%、14.5%。而金管會於 2023 年度公佈系統性重要銀行（D-SIBs）名單中有六家達標，分別為中信銀行、台北富邦銀行、國泰世華銀行、合庫銀行、兆豐銀行及第一銀行。
　　而值得注意的是，另有 15 家不是「大到不能倒」的銀行，資本適足率也達到終極高標。根據金管會資料，這 15 家銀行分別是玉山、台銀、上海、渣打（台灣）、台中銀行、滙豐（台灣）、京城、三信商銀、遠銀、星展（台灣）、元大、

永豐、凱基、台新及安泰銀行……」

　　-- 節錄自經濟日報、風傳媒新聞網

　　或許我們不太需要完全了解資本適足率這些艱澀的名詞，但金融類股既然有政府監控，又已經「大到不能倒」，那當然可以投資。況且配息又配股的公司「有吃又有拿」，股子股孫不斷的增生下去，想要累積到 50 張、100 張，應該不會太難！官股與民營各有所長，如果覺得難以抉擇，那兩種都存，當作穩健的核心持股也很不錯。2020～2021 年因為防疫保單之亂，導致有保險的金控公司獲利大幅減損，但幸好這只是暫時性利空，在 2024 上半年，連大家不期待的新光金都由虧轉盈，更不用說像是富邦金與國泰金、中信金、開發金都繳出了漂亮的成績單，也帶動股價顯著回升。

 ## 金融股 2024 H1 獲利一覽

金控股	累積 EPS	1~6 月獲利（億）
富邦金 (2881)	5.95	810.6
國泰金 (2882)	4.66	716.1

金控股	累積 EPS	1~6 月獲利（億）
中信金 (2891)	1.85	372.07
兆豐金 (2886)	1.42	203.97
元大金 (2885)	1.39	176.61
新光金 (2888)	1.31	204.1
第一金 (2892)	1.01	137.29
國泰金 (2882)	4.66	716.1
中信金 (2891)	1.85	372.07
兆豐金 (2886)	1.42	203.97
元大金 (2885)	1.39	176.61
新光金 (2888)	1.31	204.1
第一金 (2892)	1.01	137.29
永豐金 (2890)	0.99	122.04
開發金 (2883)	0.98	169.53
華南金 (2880)	0.82	112.15

金控股	累積 EPS	1~6 月獲利（億）
玉山金 (2884)	0.81	127.2
台新金 (2887)	0.77	105.8
合庫金 (5880)	0.69	104.7
國票金 (2889)	0.35	12.13
京城銀 (2809)	2.91	32.38
上海商銀 (5876)	1.41	68.25
台中銀 (2812)	0.78	43.04
彰銀 (2801)	0.66	74.44

資料來源：公開觀測站，作者整理

　　其實金融股是進可攻、退可守的活棋。存官股金控的好處是股價相對穩健之外，配息也夠穩定。雖然殖利率不比高股息 ETF，但至少可以避免空頭市場來臨時，高股息 ETF 的不可預測性，將金融股與 ETF 同時放進核心持股中是相對安全的配置方式。

若想要波段操作，也可以試試看以下作法

當股市過熱時，可以考慮將民營的壽險金控股賣出，轉為官股金控。

當股市轉空時，可將官股金控調節至龍頭民營壽險金控，等待反轉賺取價差。

簡單的說，富邦金、國泰金等龍頭金控比較適合做價差，而官股金控則適合穩健地存股。除非漲太多，不然身為核心持股，保持不動或許才是最好的作法。

高股息 ETF 狂潮比拼的時代，不知道你對金融股是否還情有獨鍾呢？我個人是持續的慢慢進補一些低價位的金融股，畢竟要放過這種壟斷性的產業，還真的是有點說不過去呢！

長期投資的難題

我們都知道複利的威力必須要長期且持續，方能顯現。但是為何能夠堅持到最後的人並不多呢？

我在閱讀林茂昌老師的著作《用心於不交易》時，才理解到這個投資心理學上的「穿隧效應（Tunneling Effect）」，對於人性的考驗有多麼的困難。

「穿隧效應」原本是物理學的名詞，而一位紐西蘭的房地產專家科林・庫瑪（Colin Kumar），將它用以形容投資人從事複利投資時所遭遇的狀況，如同在漆黑的洞窟中憑藉著微光前進，但因初始效益不明顯而導致投資人逐漸失去信心，導致大多數人在探索中途就放棄而折返。

真的是心有戚戚焉！除了幾年前就喊著會上千元的台積電（2330），在 2022 年一度從 688 元跌破 400 元，誰能想到兩年後還真的逼近千元大關！又或者因為 AI 產業而大

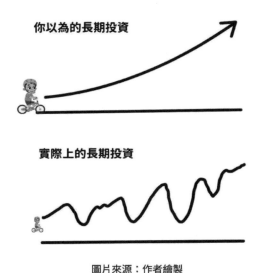

圖片來源：作者繪製

圖：長期投資並非一帆風順

漲的鴻海（2317），跟我同年紀的朋友都知道，他在 80 ～
100 元之間不知道來回遊走了多少年，但就因為近年轉型成
功，股價往上不斷攀升，在撰寫本文之際已經突破 190 元
大關，但又有多少人能忍受你的股票經歷好幾年的牛步而繼
續抱緊處理呢？當然許多 AI 股也恭逢其勝，像是廣達、緯
創……不勝枚舉。這些股票以前可是大家號稱定存股的代工
廠呢！

其實翻開投資歷史細數，還真不乏沉寂多年最後熬出頭的好公司。

除了近年最火熱的輝達，其實曾經一度破產；又如波克夏海瑟威的股票截至 2019 年 10 月，在過去 42 年間創造了 21% 的年複合成長率（CAGR）；不過倘若你在 1997 年買進波克夏的股票，就得先等上 5 年才能看到這支股票終於產生正報酬。

而 Adobe 從 1986 年 8 月 IPO 算起，截至 2019 年 10 月為止，創造了 24% 的 CAGR，但投資人必須經歷 2000 年至 2013 年，長達 13 年的零報酬時期。投資確實沒這麼容易，但是你撐過這段苦悶的日子，複利的效應大到讓你無法想像。

我們其實心知肚明，好公司在好價格長期持有都會有不錯的表現，但是大多數時候就是「做不到」。要克服穿隧效應，除了要有強大的信念之外，最好也有深入的研究與理解，並擁有自己的洞見，這樣才是真正能夠「抱緊處理」的不二法門。

那麼我們該怎麼克服穿隧效應呢？通常會放棄的原因，往往來自於羨慕別人。因此我們要做的第一件事，就是「不跟別人比較」。

現今社群平台發達，理財帳號隨處可見，也由於近年股市大多頭，大家紛紛貼出賺錢的對帳單來分享喜悅。可惜股市不是人人都可以賺到錢，看著別人賺錢的貼文，自己卻沒跟上的那種焦慮感，我十分能體會。人性自古以來皆然，「損失趨避」的情形屢見不鮮。賺錢的投資不斷分享；賠錢的投資絕口不提。

投資哪有可能穩賺不賠的呢？就算有，也是極少數的人，或者是非常有耐心的人。我認識的投資高手們，他們都相當低調謙遜。因為對市場永遠需要保持敬畏，是他們的鐵則。

羨慕別人對自己不但沒有幫助，反而會讓自己失去冷靜與判斷能力。我會建議年輕朋友「和自己比較」，給自己一個小目標，不要太難達成，但也需要一點點壓力，專注在自己的目標上，直到達成之後再往下一個目標前進。

這個目標可以是「每個月存下 5000 元」、「今年要存 5 張 ETF」、「今年股息要達到 5 萬元」之類的小目標。並且每個月留下記錄與檢討反思。我認為記錄與檢討，比做計劃更為重要，因為「詳實的記錄」才能讓自己完整的看見過去自己有多努力；而「檢討」能讓自己發現不足之處。

　　一開始緩慢是正常的。隨著時間複利，你的薪資會調升、股息會增加，可以投入的金額也會變多，在多管齊下雪球滾動的速度也會逐漸加快，最後也會形成複利的飛輪效應。

　　我也仍然在學習體悟，如何克服穿隧效應的難處。雖然不一定要跟股票長相廝守，但通常真正有護城河的好股票，最終都會還你一個公道。

　　想告訴年輕朋友，不要怕慢，只要你願意開始。不要怕輸，因為你只須與自己比較。如同輝達 CEO 黃仁勳曾說：「你正在持續做的事情，很可能是你人生中的重大突破與轉折。」每個人都是獨特的個體，每個努力都是你進步的養分。願我們一起繼續堅持，共勉之！

理財焦慮怎麼辦？

因為這兩年股市大多頭之故，許多人紛紛在社群平台貼出對帳單，相信會讓年輕朋友覺得不可思議：「怎麼大家都這麼神？」但仔細一看，也會發現許多人會在平台上求助，自己的股票總是套牢、或者當沖畢業……

不知道你是否會羨慕這些曬對帳單的人呢？其實聰明如你，仔細想想就會明白，投資必定是有人賺錢、有人賠錢。在市場上某個標的有人買進，但必定也有人用這個價位賣出，有趣的是這兩人都覺得自己是對的。但我們知道最後一定會有一方受傷虧損。這就是「零和遊戲」的困難之處。

若你深陷這種情緒中，我建議你不妨先退追這些社群帳號、關掉這些 APP，好好靜下心來，先擬定自己的財務目標與計劃。

首先，告訴自己「在零和遊戲中，不可能人人都賺錢」。

其次，先給自己一個儲蓄的小目標，可能是一年內要存到 10 萬元、或是存 5 張金融股或者 ETF，諸如此類。

第三，給自己一個提升實力的方式，例如閱讀適合自己的投資書籍、觀看影片或收聽 podcast 學習，並且每天寫下心得筆記，方便自己思考。

等到你達成了小目標，接著就可以設定中期目標。因為隨著你的工作年資增加，薪水理應會隨著增長，再加上股息可以再投入，複利的雪球便會逐漸成形。

這時候再設定存到 20 萬、30 萬，或者 10 張、20 張 ETF，慢慢累積，你會越來越有成就感。

擺脫理財焦慮的第一步，就是先把注意力放在自己身上，而不是與他人做比較。

每個人的時空背景不同、薪資待遇不同，但誠如輝達的執行長黃仁勳所說：「每一份工作都值得同等的尊敬。」好好的關注自己，專注在自己的目標上，你會比較自在，也比較不會在股市中隨波逐流，失去自己原有的方向。

貪婪壞事

　　大家應該都有聽過艾薩克・牛頓爵士（Isaac Newton）這位歷史知名人物，他是位知名的物理學家，其聰明才智過人，無人能比。但他卻曾經在投資股票上賠的血本無歸。聰明如牛頓，是怎麼輸的呢？原因在於貪婪作祟。

　　以下故事節錄自網路新聞。

　　1711 年，英國政府因戰爭積欠逾 900 萬英鎊的龐大債務，便決定接受倫敦商人 George Caswall、John Blunt 的提議，於同年成立南海公司，藉由以債權換股權的方式，讓英國的政府債權人從無數個，變為唯一一個，也就是南海公司。

　　英國政府的債權人將英國國債轉換成南海公司的股票後，每年可固定收取 6% 的股利；至於南海公司，則取得由英國政府授予與西班牙南美洲殖民地（當時稱為南海）貿易之壟斷權，作為回報。南海公司以銷售英國若干商品、販賣

非洲奴隸等貿易活動的龐大獲利，將回饋公司股東，作為吸引投資人的宣傳手段；此外，南海公司與英國政府的合作關係密切，讓人們產生似有政府撐腰的錯覺，以為投資這家公司，未來就能賺大錢。

1720 年 4 月，南海公司又再次提出向英國政府融資的大型以債換股計畫，藉由「南海法案」（South Sea Bill）的通過，取得南美洲貿易壟斷權。於是，南海泡沫愈吹愈大。南海公司股價從 1720 年 1 月約 120 英鎊，上漲至逾 300 英鎊；來到同年夏天，南海公司股價已飆漲約 10 倍，最高達到約 1,000 英鎊的價位，帶動倫敦股市大漲。據外媒報導，當時從英國國王喬治一世到女僕都買了南海公司的股票，交易盛況空前。

其實南海公司向股東承諾的貿易活動和豐厚利潤，始終沒有真正兌現；其真正從事的業務，恐怕僅是將政府承諾每年給予的利息所得，再轉發給投資者。不久後，英國國會為了打擊「泡沫公司」（bubble company），於 1720 年 6 月 11 日通過了「泡沫法」（The Bubble Act），除經皇家特許外，禁止新成立任何股份公司，致股市投資熱潮開始退燒。影響所及，南海公司股價從 1720 年 9 月開始急遽崩跌，短短一

個月內跌幅超過 75%；社會各個層面幾乎無一倖免，尤其是投入鉅額資金的社會菁英與機構。

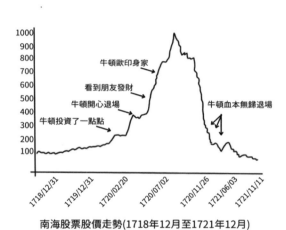

南海股票股價走勢(1718年12月至1721年12月)

圖表出處：Bamboo Innovator(blog),"Isaac Newton's Nightmare During the south Sea Stock Bubble"

圖：牛頓爵士在南海股票中賠到血本無歸

牛頓在南海公司股價起漲時，曾小賺 7,000 英鎊出場，獲利超過 100%！但看著身邊朋友賺了更多的錢，抵擋不住南海公司股價持續飆漲的誘惑，又再度大筆資金進場，最終被割韭菜，慘賠 20,000 英鎊收場。遭逢此一打擊，也讓牛頓留下了這段經典的名言：「我可以預測天體的運行，但無法預測人類的瘋狂。」（I can calculate the motions of heavenly bodies, but not the madness of people.）

　　這個故事後來被廣為流傳，成為價值投資人的借鏡。但人總是健忘，每當熱潮再起的時候，我們很容易就將過去的歷史教訓拋諸於腦後，總會認為這次不一樣。近年 AI 浪潮再起，雖然這個第四次工業革命尚未走完，但股價與現實有時候背離的程度恐怕會超乎我們的想像。

　　永遠大膽思考，小心求證，不要被貪婪牽著走。不只是鬱金香泡沫，這個南海狂潮的故事，你我都應該牢記在心。

該借錢投資嗎？

以下內容節錄自 Yahoo 新聞：

史上新高！台灣 36 萬人是「雙貸族」，同時得還房貸加信貸，10 年來增 25%，住商機構根據聯徵中心資料統計，截至 1 月底止，平均每人要還 670 萬元（平均房貸金額約 568.8 萬元及平均信貸金額約 101.7 萬元），兩者 10 年來成長幅度分別達 70.4、88.7%。房仲專家指出房貸族愈來愈多有三大原因，「槓桿愈開愈大」，央行啟動第六波升息，升升不息下，恐壓縮日常消費支出。

近期因為高股息 ETF 配息動輒 8% ～ 10% 起跳，許多投資人紛紛使用房屋增貸、信用貸款、甚至新青安等方式來投資股市，賺取利差。社群媒體上也有許多網紅推廣借貸投資的好處，真的是如此嗎？

老實說借貸這件事情本身是中性的，等於向銀行借未來

的錢。這取決於我們的心理抗壓程度，以及股市空頭降臨時，是否能維持足夠的金流來償還債務。不是每個人都適合！以我為例，本身個性比較保守、膽小，因此我是完全沒有開槓桿，除了目前正在繳的房貸以外，沒有任何增貸、信貸及質押。

還記得巴菲特諄諄告誡我們：「借錢投資就像開著一台匕首倒插在方向盤的車子在高速公路上行駛。」意指通常會平安無事，但只要一次就會讓你致命。在 LTCM 的故事裡，巴菲特與蒙格對那群超高智商的投資學者專家的投資方式感到欽佩，但因為對於複雜的槓桿稍有疑慮而沒有進場，反而躲過了後來的慘劇。

當然 LTCM 是使用了高度而複雜的槓桿，我們一般人不會做到那種程度。槓桿使用適度得宜，確實有其妙用，我並非死抱著觀念不改，而是想等到股市沒那麼熱的時候，才會考慮使用槓桿。

以最近很夯的新青安專案來說，新青安房貸之所以成為首購族優先選擇方案，主要是 5 年寬限期以及最高分 40 年期償還，被視為市場短期付款最輕鬆方式。然而據信義房屋

試算，40 年期的新青安房貸 1,000 萬元，都不提前償還狀況下，寬限期後每月房貸需還 3.46 萬元，最終利息支出高達 550 萬元，等於借 1,000 萬 40 年，卻要償還 1,550 萬元。

很多少年股神會說，40 年的複利會讓你賺好幾千萬甚至上億，幹嘛在乎那 550 萬元？理論上是這樣沒錯，但實際上有很多變因，包括政策、投資的系統性風險、人性的壓力炸鍋……這些無法量化用數字計算的東西，你都有考慮到了嗎？投資絕對不是二分法這樣簡單的東西，它牽涉到行為與心理層面，也因此更顯得不容易做到長期這件事。

我個人認為，投資都需要謹慎思考，尤其要考慮股市與房市雙跌的情形，甚至工作受影響等最壞的打算，能讓自己平安度過危機的方式，才是最重要的事情。投資是要讓自己越來越放鬆，而不是越來越緊張。

最後問問自己，如果貸款及開槓桿投資，發生了以下事情，你會怎麼做？

1. 自己突然生病沒辦法工作，沒有薪水收入。

2. 出現全球性金融危機，股市崩盤導致資產大腰斬長達一年甚至更久的時間。

3. 是否因為崩盤讓自己情緒受影響，甚至牽連家人。

　　我們必須捫心自問，這三件事情對你的生活與心情造成衝擊有多少？如果你的心理素質過人，能夠承受這些風險，那你就勇敢的開槓桿去做。但如果你有一絲的擔憂，建議你還是慢慢來比較好。

跟單好嗎？

　　許多理財達人都會有所謂的口袋觀察名單，也會估算合理價格。但至於我們是不是該照單全收？又或者該做好應有的判斷與配置？這就是學問了。我這一路走來也上過不少達人的課程，自然也有跟單買進的標的。

　　但我必須要很客觀的說，理財達人也只是人，不是神。他們推薦的公司必然都有獨特的競爭力或者某方面的優勢，但因為每個人的口袋深淺不同、買進價位不同、心理壓力承受度不同、可以等待的時間不同……有這麼多因素之下，怎麼可能保證每次跟單都賺錢呢？

　　羅列幾項我跟單達人們的標的：

　　1. 可成：我 300 元買進，漲到 380 元沒賣出，後來跌到
　　　　　 200 元停損。

2. 皇田：我 120 元買進，自此一路走跌，直到 80 元停損。

3. 中華食：我 48 元買進，領了六年股息，最後 100 元左右賣出。

4. 崑鼎：我 176 元買進，領了七年股息沒賣，目前帳上獲利超過七位數。

5. 豐泰：2015 年 200 元買進，隔年 150 元停損⋯但這檔很多人賺錢。

5. 根基：我 45 元買進，漲到 50 元就賣出，結果現在已經來到 9 字頭了。

6. 大學光：幾年前看財經頻道介紹買在 60 元，賣在 80 元，現在已經 200 元以上。

跟單不是不好，但連我自己都會犯下兩個錯誤：

1. 因為別人推薦而有先入為主的好感。

2. 沒有設置停損的機制與紀律執行。

因為這兩項錯誤，我也嚐到虧損的痛苦。而我自己研究的標的，不管賺賠，心裡面都覺得很踏實，因為這才是真正的對自己的行為負責，也是投資人該有的成熟心態。

這也是為什麼我不太喜歡推薦別人個股，因為這根本是吃力不討好的工作嘛！賺錢的時候不會分我，賠錢還會來怪我⋯⋯這太可怕了！

　　雖然我會跟幾個粉專好友討論股票，但一般粉絲詢問我投資問題，或者哪支股票該不該買？我的回答通常都是：買ETF，不然就台積電。因為我真的也沒辦法幫大家承受賠錢的風險與責任！投資，還是要有自己的研究與判斷，既然要跟單，也要做足功課、嚴守紀律再進行，否則一味的跟單，不僅沒有自己的定見，最後吃虧的還是你自己！

　　就連ETF也一樣，許多朋友看到2023年ETF的漲幅遠勝於0050，就紛紛跳槽到新發行的ETF去。但這其實不是常態！我個人的看法是，這些高股息ETF、主題型ETF的漲幅最終會均值回歸，長期來看甚至會輸給市值型ETF。

　　在影音平台、社群平台上也紛紛多了許多理財帳號，分析各種ETF、投資理財心法，看得我也是眼花撩亂。但投資朋友還是必須要有自己的判斷能力，適合別人的做法不見得適合你，一定要先釐清適合自己的投資方式，再找一個模版來學習，這是我給年輕投資朋友的建議。希望每個讀者都能按照自己的節奏，找到投資的真諦，穩健的朝財務自由的方向前進。

領股息不好嗎？

2023 至 2024 年間，很幸運的在部分調節與換股中，資產有微幅增加，將獲利再投入後，在今年達到了股息百萬的里程碑。

十多年來的堅持是先苦後甘，雖然看似緩慢，但看著果園開枝散葉、結實收成，這種等待的欣慰感，其滋味不言而喻。一路上也有前輩、朋友的支持陪伴，覺得自己不孤單。

有朋友說存股繳稅很麻煩，我個人覺得是有解方。

將資產分配在高息 ETF 與市值型 ETF，以及債券型 ETF 及美股，就可以將稅賦降低。如果用盡了合法的方式節稅，卻還是要繳錢，那就當作奉獻吧！為國家盡一份心力也不錯。

存股的概念意指長期投資，但追求高殖利率，就不見得

適合每位朋友了。以我表哥為例，他年薪近千萬，所得稅率40%，存股領股息當然不划算。所以他買台積電、0050、台積電 ADR、美股 ETF 中的 VTI、投資房地產等等。等退休時再全部換成領息的配置，這種方式就很完美。

誰適合存股呢？

我認為如果你身處以下條件，存股領息很適合：

1. 所得稅率低於 12% 的小資族。
2. 比較保守尋求穩健投資的新手。
3. 定期擁有現金流入的安心感。
4. 想打造退休金流的機器。

那麼誰不適合存股領息呢？我也認識許多大神，他們是不喜歡領息的，因為稅實在太重了。如果你符合下列條件，那領股息絕對不是你的選擇，投資不配息的海外資產或者殖利率低的指數型 ETF 絕對是更好的選擇。

哪些人不適合存股領股息？

1. 高所得稅率的精英分子。
2. 心理素質強韌的朋友。
3. 短期不需要現金流的朋友。

4. 有更適合自己的投資方式。

不管是存股派、指數派、技術派還是籌碼派，其實到後來我的體會是各有各的長處，多方參考並得出一套屬於自己穩定而舒適的步調與節奏，才能在投資路上長久維持，讓資產成長速度長久大於通膨，也是我們共同追尋的方向喔！

因為工作的關係，我也不是高所得稅率的成員。加上擔心退休後政府會拿我們公教人員開刀，所以存股領息就成了我的首選。雖然我知道買指數型 ETF 的長期績效最好，但我並非要追求績效第一，而是一種心態上的安定感。等我養大現金流製造機器，再來投入指數型 ETF，個人也覺得滿不錯的呢！

不一定要「領息」，但在合理價位長期投資「對的公司」的勝率，肯定是比較高的！讓我們一起繼續堅持下去。

學會停損：
百萬學費的代價

俗話說買股票是基本，但賣出是藝術。尤其面對虧損時，不適度停損恐怕會血本無歸。我在停損這門功課上，也付出了超過百萬的代價才逐漸學會。

為什麼會無法及時停損呢？

在心理學上稱之為「沉沒成本」與「稟賦效應」的兩種心理偏誤，讓我身陷其中無法抽身，導致越虧越多……最後醒悟時已經有點太晚。

「沉沒成本」是指人在衡量一件事情的重要性時，會把已經投入的成本（包含時間、金錢、心力等）一併計入考量，反而會失去客觀的判斷能力，來決定是否該繼續或者放棄；而「稟賦效應」是指當自己擁有某項資產時，往往會高估這

項資產的價值而捨不得售出。

　　試想你在 100 元買進一檔股票，跌到 80 元的時候繼續加碼，再繼續跌到 50 元時，通常我們會繼續加碼攤平，因為「先前都投入這麼多時間與金錢了，怎麼可以放棄？」「這是我選的公司，它不只這個價格！」或許再過幾年，這家公司真的會被價值發現，但這種事後諸葛的論述恐怕無法真正為我們帶來財富。保有彈性與條件的目標，才有辦法應對這個變幻莫測的股票市場。

　　以下讓我來分享幾檔賠錢的股票：

✚ 案例一：宏碁

　　如同第一章所述，我犯了兩個錯誤，「只看殖利率就買進」以及「股價腰斬應該不會再跌」的定錨效應，讓我在剛出社會的第二年就賠了十幾萬元。宏碁當年股價不斷下滑，其實有跡可循。我直到近年才學到，除非股價已經在底部盤整夠久，並且公司獲利有改善跡象，否則不要去接刀「不斷走下坡」的公司。

✚ 案例二：日友

日友是從事兩岸醫療廢棄物清運回收處理的龍頭公司，因為大陸不斷有建廠計劃，也因此市場賦予其高本益比。但隨著大陸疫情影響，房價崩盤景氣低迷，工廠事業廢棄物的處理量一直拉不起來，蓋好的廠房又需要營運成本，拖累股價從 280 元一路跌至 100 元以下，經過 4 年仍不見起色。其實這些公司受中國政策影響實在太過巨大，我沒有料到中國會衰退如此嚴重，也是自己誤判情勢，最後在 120 至 140 元之間全數出清，實際帳損大約 30 萬元。

✚ 案例三：大地 -KY

大地 -KY 是中國加盟幼兒園服務的第一大品牌，在新冠疫情之前曾經登上台股上市櫃的毛利率冠軍，毛利率高達 9 成，含金量十分驚人！隨著不斷展園的計劃，股價也跟著水漲船高，最高來到 250 元左右。

我在 200 元買入沒多久，看著帳面上賺了幾十萬元，貪念又起，把停損原則全忘光了，一心只想賺更多。隨著疫情爆發，中國各地紛紛停課，再加上經濟不景氣、房市股市紛紛走弱、失業率上升的情況持續，家長不再搶著幫孩子報名

幼兒園才藝班，甚至連幼兒園都不去上了。

　　大地的獲利一落千丈，股價也從 250 元滑落至 30 元附近，目前仍一蹶不振。

　　我明明知道獲利持續衰退超過兩季，卻還硬凹單持續加碼，一路從 150 買到 50 元，心裡還期待大陸哪天會景氣回春。事後醒悟這只是我一廂情願，景氣回春或許會來，但獲利連續衰退是事實，時間成本損耗也是事實。這一仗我不僅錯過了 AI 大狂潮的漲幅不說，在這檔中概股上慘賠了約 100 萬元，著實的把我敲醒，也從此把這條鐵律貼在我的書桌前：

　　「連續兩季獲利衰退，就要停損出場。」

　　幸好我對中國本來就沒有太多的好感，也因此沒有重壓資金在中概股上，算是不幸中的大幸。但賠了一百多萬，就等於兩年的股息丟進水裡。白忙一場，感覺實在不好受。

　　但也由於停損後的資金轉換到漢田生技、鴻海等優質公司，讓我很快地把虧損彌補回來，真的是佛祖保佑，好加在。近年經過這一次教訓，我也知道國家政策對於公司營運有極大的影響，不可不慎。

　　老實說股市風水輪流轉，前幾年中國正夯的時候，大家紛紛跳進去投資，那時候的市場氛圍也是熱到不行！連已故的查理蒙格與橋水基金的達里歐也看好中國市場，只是任誰也沒想到一個疫情控制不同調，導致中國這幾年不斷走下坡，真的只能感嘆「無常」才是股市中唯一不變的真理。

　　贏家與輸家的差別，在於懂不懂得適時「放棄」。停損，是提高勝算的決策工具，而根據時間與狀態設定終止條件，才有辦法保住本金，重新修正策略再出發！

買資產而不是滿足慾望

台灣的貧富差距之大，眾人皆知。除了擠進醫師、律師、機師等特殊職業的窄門之外，一般年輕朋友出社會，薪水如果能超過 5 萬，那就算是很棒的待遇了，但扣除生活開銷，其實能存下的金額也是有限。

我剛出社會時，也只是領 4 萬元薪水的窮教師，但我當初在應試教師甄試時，就鎖定在家鄉的學校，經過努力也幸運的留在彰化。透過住在家裡、騎車通勤，我每個月可以省下至少 2 萬元的花費。

我很認真的接課、把課上好上滿，並維持低物欲的習慣，每個月強迫自己把 80% 的薪水存起來，靠著初期投資金融股領息了 5、6 年，在 30 歲時就累積了將近 500 萬的資金。

我是怎麼消費的呢？大概是繼承了爺爺勤儉持家的傳統，我對名車、名牌完全不感興趣。例如衣著，我大都穿 uniqlo 的特價品，一次就會買 5 套，然後可以穿超過 5 年不換。手錶是出社會唯一買過的奢侈品，當年為了獎勵自己考上教師，買了一支 CITIZEN 的光動能錶，要價 1 萬 2 千元，雖然有點貴，但過了 16 年仍然頭好壯壯服役中。

IPHONE 手機雖然比較貴，但我評估過覺得其實值得。一支 2、3 萬的手機可以使用 5、6 年以上，比起一支 1 萬的手機，用一年就掛掉來得好多了。雖然現在 IPHONE 越來越貴，但我也有應對方式：「不買當年發布的新機種，挑選前幾代的福利品。」這樣還是可以用得很開心。

直到我當了父親，因為多了孩子的開銷，我將儲蓄率目標降為 50%，並且盡力達成。當然我並不是極度的虐待自己，適度的休息旅行，帶家人吃一頓大餐，也是定期安排的必要享受。我會給自己設定獎勵目標，例如：每存滿 10 萬元，就慰勞自己去吃一頓日式無菜單料理；每存滿 20 萬元，就在當年出國小旅行一次，花費不要超過 5 萬元；每存滿 100 萬元，我就可以換新手機跟買新衣服。一個小目標接著一個大目標，繼續往下個 100 萬累積邁進。

同樣的方式也可以套用在存股上，例如存滿 10 張、20張、50 張的 00878（或者其他股票），就分別利用股息給自己不同階段的獎勵，也會更有動力繼續存下去。

透過這些目標的激勵，我變得熱愛存錢、存股，到現在股息抵達百萬元，我仍然維持差不多的開銷。開著普通的國產省油車、剪髮會去百元快剪、穿著 5 年前買的衣褲。比起購買消費品，我更熱愛購買股票等生財資產，或者買書閱讀來充實自己。

我會建議年輕朋友，先儘量提升自己的專業能力，透過學習與進修，讓你更有底氣拿到更好的待遇。接著透過好的理財習慣，將收入切成「儲蓄」、「生活花費」、「保險」和「投資」四大塊，按照自己能接受的比例，持之以恆的做下去。剛開始可能沒有什麼感覺，等到你累積了一定程度的股票與股息，你會越來越有成就感，也會愛上這種感覺。

儲蓄，並且購買生財資產，形成一個正向的飛輪循環，是複利的關鍵要素。讓我們一起認真儲蓄、好好工作，儘量存下每一分錢，但別給自己太大的壓力哦！因為自然而然的存錢，這個習慣才能維持長遠。

重點整理：

1. 努力提升薪資收入，專注在儲蓄與存錢。

2. 控制自己的消費慾望，買資產而不是買慾望。

3. 設定小目標、中目標與大目標，並且在達成時給予自己獎勵。

獲利是等出來的

其實我並不是重壓一檔翻數倍獲利而累積到千萬元，而是透過幾次幸運的選股，有得到不錯的報酬，才逐漸累積到今天的小小成果。但過程都相當的漫長，並且需要度過一段煎熬、無趣的時期。而等待確實是一個最高的境界，以下分享幾個我投資獲利的經驗，給大家參考。

✚ 案例一：神基（3005）

我是在 2017 年的時候發現這家公司，當時殖利率超過 6%，獲利也相當穩定。當時已經漸漸掌握基本面投資的心法，在詳讀幾年年報之後，確認神基具有一定程度的護城河優勢，就陸續買入做為定存股。

那年我特別跑去參加股東會，但因搭錯車而遲到。抵達股東會現場時居然已經散場了！我趕緊攔下董事長黃明漢先

生，本想詢問一些問題，但黃董因為要趕著開記者會，直接跟我說了一句話：「我們公司就是定存股，40 元以下你買就對了。」

結果我還真的就買了，也推薦家父一起買進，我們這一買就是好幾十張。

這一放就是 7 年，神基從當年的 38 元沉寂幾年，逐漸往上翻揚，在 2024 年一度衝上 155 元的歷史新高，帳上獲利最高超過 200%。

後來因許多高股息 ETF 掛牌納入神基，導致股價波動下跌，但我仍然握有大部分持股沒有賣出，因為以我的成本來算，殖利率早已超過 10%，也不需要跟風什麼高殖利率 ETF 了。

✚ 案例二：櫻花（9911）

櫻花也是我在 2017 年時，透過財報狗篩選出來的好公司。當年我在特力屋看到櫻花熱水器展覽就是一整排，廣告口碑也做得不錯。幾項財務指標也維持在一定的水準，市佔率也維持在五成左右，並在讀完年報發現，公司也有積極拓展的計劃，就在 35 元買了 5 張（真是扼腕），這一放就是 7 年。我在期間又陸續加碼了 5 張，放到現在股價也接近 90 元，

帳面上報酬率接近 80%，殖利率也超過 8%。

✚ 案例三：崑鼎（6803）

崑鼎是透過華倫老師推薦介紹，我也相當認同該公司在清運廢棄物及焚化發電等各項業務中的壟斷地位，研究財報後發現公司自由現金流更是強勁無比，於是在 2016 年時以 173 元左右的價格買入，隨後一路往上加碼買至 250 元，期間也經歷過 2020 新冠肺炎暴跌回成本的痛苦，但我仍然看好其護城河優勢而持續加碼，如今 8 年過去，崑鼎價格也超過 300 元大關，帳上獲利超過七位數。

✚ 案例四：漢田（1294）

漢田生技是我在無意中發現，隱身於彰化小鎮的專業液劑代工廠龍頭。在分析財報以及打電話詢問公司後，我越發覺得這家公司潛力十足，恰逢近年國人對於保健食品的接受度，也從錠劑逐漸轉向隨撕即飲的「軟袋式包裝」，看準後疫情時代國人注重營養保健的風氣，我於 2023 年 80 元左右開始佈局。

其實這時的漢田已經從低點的 30 元漲了將近 3 倍之多，

但我仍然一路往上買進，隨著財報開出漂亮的成績單，股價在 2024 年 4 月份也逼近 300 元大關。

或許是運氣使然，這檔股票讓我在短短不到半年內就獲利七位數，但我在這期間走訪漢田工廠，發現在新廠尚未落成之前，舊廠晚上依舊燈火通明地趕工，我大概心裡有數，這家公司的業績想必不會差到哪裡去。

隨著溪湖新廠落成並開始投產，廠區面積是舊廠的數倍之大，我會持續關注這家興櫃的隱形冠軍公司。

✚ 案例五：中華食（4205）

中華愛玉及豆花都是我們小時候的回憶，而中華豆腐更是媽媽們去全聯必買的食材，許多知名連鎖火鍋店也會向這樣的大廠進貨。中華食在盒裝豆腐的市佔率之高，超過你我的想像。試想：知名連鎖火鍋店會跟傳統市場進貨，冒著食安的風險，還是寧可多花一點錢跟有保障與通過檢驗的大公司進貨呢？我在 2016 年以 48 元的價格買進數張，經過配股配息，後來於 2023 年終獲利了結，帳面獲利也超過 100%。

會賣出的原因並不是中華食走下坡，而是發現了漢田生技這家更有成長性的公司，因此我決定把穩定但殖利率偏低、本益比較高的中華食獲利了結，轉向下一檔值得長抱的

好公司。

　　以上幾個案例，雖然不是爆賺數倍，但卻也是穩穩成長，並且有紮實落袋的資本利得。雖然近年中概股踢鐵板也賠了不少錢，但靠著這些穩健的持股獲利，整體資產仍有成長，這也說明了資產配置的重要性。

　　好公司，需要時間讓他發酵，並且要在自己覺得合適的時間點，心懷感激的賣出獲利了結，除了感謝市場，也感謝自己耐心的等候有所回報。

台積電值千金嗎？

　　撰寫文章之際，台積電突破千元大關沒幾天，遭遇台股史上最大跌幅，加權指數單日下跌超過 1800 點，台積電也一路從千元滑落來到 800 元初附近。網路上討論聲浪四起，有人認為台積電不值得 900 元的價格，一切都是炒作。但眾多外資報告給出的 2031 年目標價，有的甚至上看兩千元。

　　在股市交易裡，每一筆成交背後，買賣雙方都認為自己是對的，但事實上顯然只有一方正確。我不太確定台積電要多久才會到兩千元，但我深信價值投資之父葛拉漢說過的一句經典名言：

　　「股價短期是投票器，但長期是體重機。」

　　回首當年台積電只有 50 元的時候，大家也不看好它。過了好一陣子，突然大躍進站上 200 元，再到 688 元的價位，

跌回 378 元後再來到現在近 900 元的價位。每一次大漲,媒體就會爭相報導台積電有多好,每一次大跌,媒體也會開始報導台積電有危機、會出事……不管如何,總是有人唱衰我們的護國神山。

我當然沒辦法預言台積電要多久可以站上兩千元,但我相信如果台灣最強、地表最強的晶圓代工廠出問題,那台灣其他科技業大概也沒什麼戲唱了。所以我雖然在 600 多元賣了台積電,但我從 900 元又開始用零股的方式接手,並且同步買入如 006208 這檔市值型 ETF,參與護國神山的成長。

我想我們必須先有這樣的認知:權值股相當容易受到外資的操作,因為這是拉抬或者摜殺指數最好用的方法,它們佈局滿手的期貨空單,在現股成本夠低的情形之下,肯定會持續賣股票。聽到這邊有朋友會開始擔心,這樣台股會不會跌爛?要不要先停損?

我認為如果是指數 ETF 投資,不太需要什麼停損。如果是投資好公司,抓好安全邊際也沒什麼問題。要「抄底」、「買低賣高」大家都知道,但是絕大多數人都做不到。與其傷神與糾結,不如先盤點一下自己都投資了什麼樣的股票?是否適度的去槓桿?是否有足夠的現金流不影響生活?

　　我們沒有每個月結算的壓力，讓時間站在我們這一邊，長期持有的狀態下，我認為贏面仍然是相當大。若我們擔心個股會出問題，那就直接買 ETF 整包帶走，這樣心理壓力也不會太大。

　　網路上也不乏許多神人，像是知名的航海王，據傳他有數千張的台積電。既然連這樣頂尖高手都認同台積電這家公司，我想我們這種普通人也沒什麼好怕的吧！唯一的差別就是買進的成本。

投資股票，成本永遠是決勝的分水嶺。
而股市也永遠都在那裡。

　　站在時間的光譜上，我想我們都值得跟巴菲特學習耐性，因為沒有一夜致富這種事情。若我們不急著致富、不急著 ALL IN、不亂開槓桿，只要不追高，慢慢存又何妨？如果台積電跌破 800 元，甚至來到破盤價的 700 元或 600 元，而明年、後年可以賺到 50 元、60 元，未來本益比這麼划算的情形下，我也會持續買進，一起見證台灣護國神山的成長。

後記：
投資就像人生

 複利或許會遲到，但不會缺席

撰寫本書的當下（2024 年 8 月），台積電股價雖然從千元跌落至 900 元附近，但當年我買進的價格為 200 元，結果 600 元就賣飛了……回首一看覺得自己的投資功力還真的有待加強，但也因此驗證了長期持有好公司的威力有多麼驚人！雖然沒有抱住台積電，但回首這些年，我其實相當感恩自己能夠一路堅持「存股」到現在，年領百萬股息也說不上多厲害，但以公教人員的薪水來看，其實也是小小的里程碑。而且我再也不用擔心年金改革會讓我領不到退休金了，因為我已經打造一台「退休金製造機」，而且我會讓這台機器不

斷成長下去。

　　因為資訊發達，許多投資投機的雜訊誘惑相當多，也幸好我很早就明白，一步一腳印累積的財富才有踏實感，也因此我從未去接觸選擇權、期貨和當沖這些投資方式。並不是說這些方式不好，確實有各方領域的高手前輩鑽研此道，但我知道這些絕代高人的能力絕非一般人能夠達成，他們所背負的壓力也絕非一般人可以想像。

　　深知自己不適合走哪些路，於是我選擇慢慢存股這條馬拉松。跑了十多年，轉眼間就40歲了。以前總會羨慕許多少年股神年紀輕輕就身價破億，但說也奇怪，邁入不惑之年，雖然身價沒破億，但那種羨慕感幾乎越來越淡，反而覺得自己很幸福。我有健康的身體、喜愛的工作，又在投資上逐漸累積，更珍貴的是我有愛我的家人，這些幸福感帶給我的滿足與喜悅，使我的人生更加豐盈。

　　由於我的工作是教職，每天與學生相處，傳道授業解惑的日常說來也相當有成就感。但除了知識上的傳授，我發現在社區型學校的孩子，對於理財觀念較為薄弱，因此開設了關於投資理財的多元選修課，透過教學相長，帶給孩子理財

觀念之外，也讓自己持續精進。

　　方向與努力同樣重要。如果你不是炒短線的料，卻整日花費時間鑽研，汲汲營營數年之後才發現原地打轉，有多麼可惜！如果你能及早想通「零和遊戲」與「正和遊戲」的道理，相信你對於長期投資與存股會有更深的認識與體悟。

　　賺錢確實很重要，但工作賺錢的目的是為了生活，但不應該為了賺錢而犧牲了生活的樣貌，我們可以辛苦一陣子，但不要辛苦一輩子。

🔍 大道至簡

　　經典的暢銷書《賺錢，也賺幸福》的作者麥可・勒巴夫提出了「主動投資人生，被動投資金錢」的觀念，提倡我們將生活重心放在人生許多重要的事情上，讓投資越簡單越好。

　　許多人不想慢慢變有錢，甚至是急著想要賺「快錢」，下場通常都是陣亡居多。「長期存股投資」其實也呼應了勒巴夫定律，專注在努力賺錢、努力存錢、投資好公司或指數ETF 股票，20 年之後的財富增長，絕對超乎你的想像，要存

破幾千萬，也絕非遙不可及的夢想。

在《平衡心態》一書提到的成功四角桌法則，我覺得十分受用，這四條支柱分別是：

1. 擁有足夠的金錢。
2. 維繫穩固的關係。
3. 維持身體與心理健康的最佳狀態。
4. 活得有目標。

人生不能沒有錢，但也絕非只有金錢。我們還有健康、家庭、人際關係等各種面向需要去體會、經營和感受。沒有健康，有再多的錢自己也花不到；沒有了家庭或真正的朋友，你恐怕也會窮得只剩下錢。拋開家人到外地拼事業，等到事業有成歸國時，你也錯失了與父母和另一半的相處時間以及孩子成長的寶貴時光。

時間是世界上最貴的東西，對於二十幾歲、三十幾歲的朋友來說，感受並不明顯。但隨年紀增長，我們會發現時間越來越不夠用，常常一回神又是晚上準備刷牙睡覺的時間了！也因此把時間花在最值得的事物上，才是最聰明的選擇。

至於什麼事情，對你來說是最值得的呢？每個人追求的

目標不盡相同，這個問題沒有標準答案，就留給各位讀者自行思考了，但有人生目標，認真努力追尋，也才不枉人生走這一回。

用內在計分卡過生活

內在計分卡是巴菲特提出的概念，是一個人用來評判自己的一套內在準則與標準。而外在計分卡則是一套依據他人評判，斷定自我價值的外在比較性原則。葛拉漢在其著作《智慧型股票投資人》書中提到：

要對你的知識與經驗保持勇氣。你若根據事實得到一個結論，也知道自己的判斷很紮實，那就據此採取行動，即便他人猶疑或不贊同亦然。群眾不認同你，既不代表你是對的，也不表示你是錯的；如果你是對的，那是因為你的資料與推論是正確的。

巴菲特本人也一直奉行著內在計分卡的生活模式，他一直相信「誠實是上策」的箴言，一如既往地走在正途上，包含他的生活以及飲食方式亦然。

這些偉大而受人尊敬的投資大師，其共同之處在於他們努力追求快樂滿足的人生，不是只為了變有錢或出名，而是

抱著全然的正直，過著真正滿足的生活。

用內在計分卡過生活，會讓我們不過度在意他人的看法與批評，並且尊崇內在真正的聲音。比起賺大錢、當上高層主管、手握大權等，我認為照顧好自己身邊的家人，才是我們幸福的來源。

從外在計分卡逐漸轉變為內在計分卡，也代表內心的成熟。

漁夫與富豪的故事

有個故事與你們分享：一名富翁到小島度假，雇用漁夫當導遊，幾天相處下來，很欣賞漁夫工作勤奮實在，表示願意投資他買一條漁船，捕更多的魚，等賺到第一桶金，再買第二、第三艘漁船，擁有自己的船隊。20 年後，漁夫就可以像他一樣，每年有一個月悠閒在小島上度假，享受人生。漁夫覺得好笑，他回答富翁：「你辛苦 20 年，每年只能有一個月來小島度假；可是，我卻天天在小島度假，過你辛苦 20 年才有的生活。」富翁聽完漁夫的回答卻笑而不語。

這個故事甚至被編排在大學學測國文寫作的情境試題

中，可見其寓意深遠，值得我們細細思考。你想當漁夫，還是富翁呢？其實這沒有標準答案，端看你追求什麼樣的人生。

有的人全然活在當下的快樂，或許不需要花費很多錢，但是每日與大自然為伍，辛勤耕作，晚上與家人孩子共享天倫樂，也是幸福美滿。

有的人辛苦 20 年，終於獲得財富自由，從此遨遊世界看遍各地美景，吃遍各地高檔美食佳餚，但最後仍回到家鄉，因為家只有一個。

其實我們都需要「歸屬感」與「認同感」，這才是我們人生幸福的來源。無論賺多賺少，只要你有歸屬感，有家人、親友及孩子的認同，那你的人生就是成功的人生，就是富足的人生。

根據美國一項調查指出，年收入在兩百萬台幣左右的人，生活滿意度會達到最高點。超過這個收入點，快樂的增加程度會迅速的遞減。當然這只是項調查，實際的體感還是會因人而異。但我們養成不鋪張浪費的習慣，抱持規律的生活節奏，說實話也不需要花費太多金錢。我個人很認同，當你到某個程度時，對於金錢的看法會截然不同，對人生的體會也更深刻。清楚決定富有的關鍵不是你賺多少錢，而是你

有多少欲望。

　　人生是拿來珍惜、體驗當下，而不是一味的把時間賣給別人，被金錢奴役。或許剛開始我們都需要工作來獲取金錢，但寧可辛苦一陣子，也不要辛苦一輩子。好好的儲蓄存錢，妥善穩健的理財，20 年後你也可以擁有好幾桶金。

　　無論你想當漁夫，還是富翁，我想只要你覺得有意義、富有熱情，那就放手去做。

🔍 保持良善與尊重

　　經營理財社群帳號的過程中，我也會收到一些有不同看法的言論，說存股害死人、領股息很麻煩、領股息根本不會財富自由，甚至有酸民還會人身攻擊……起初我還真的很介意，但後來轉念一想，每個人喜愛的投資方式本來就不同。投資本來就有各行各派，行行都能出狀元。後來我逐漸不在意這些言語，也虛心接受自己的不足之處，持續保持學習的心態，從很單純的基本面投資人，開始學習參考技術面、籌碼面，也開始投入指數 ETF，持續擴大自己的「能力圈」。

不管你喜不喜歡存股，你都必須要開始投資。

不管你喜不喜歡投資，金錢都會是你一生的課題。

因此，儘早開始學習金錢的知識，學會長久且穩健的投資方式，我認為較適合大多數的朋友。當然如果你藝高人膽大，或許你也可以成為其他投資門派的好手！

 **越挫越勇**

最後與大家分享自己親身經歷的故事。

起初因為覺得有趣，一方面可以記錄投資，一方面也可以讓我的學生學習一些投資理財的知識，便著手開始撰寫 IG 粉絲專頁，寫著寫著突然就迷上了寫作與閱讀分享，無心插柳之際，居然莫名其妙成為了「自媒體創作者」。

但在某天中午昏昏欲睡之時，我誤點了詐騙集團的連結之後，帳號就被盜走了！經過跟詐騙集團交涉、寫英文信給臉書官方網站等，試盡了各種方法，仍然拿不回我的帳號，心情十分難過。但因為我一開始本來就是好玩，什麼安全性設定、雙重驗證設定根本沒開啟啊！被輕易盜走救不回來，好像也怪不得人。

難過了一個星期，我重振旗鼓，重新開了一個帳號。那

時候心裡想著，反正我只是要記錄自己的投資，也是為了傳遞存股精神而寫，從頭來又何妨？也真的感謝許多 IG 創作者的支持與相挺，紛紛替我加油打氣，讓我更有動力繼續分享下去。

在記錄過程中，我認識了許多優秀的朋友，像是好好理財的 Marra、野獸媽媽（以及一堆地方媽媽）、白袍貸夫、理財同學 YUA、純純存股、蜜蜂爹……（族繁不及備載，若有疏漏請多包涵。）除了認識許多志同道合的好友、各路投資的高手之外，也讓更多人知道存股的理念與方向。這些樂趣與成就感，是我原本沒有想過的事情，因為熱情、好奇心與堅持而帶給我更多的回饋，跟存股也有異曲同工之妙。

投資如此，人生亦如是！

最後我想引用莊子的「博學、審問、慎思、明辨、篤行」，與大家分享投資心法。多學習閱讀，提出自己的疑問，與前輩討論切磋，仔細思考投資的利弊得失，善用第二層思考來檢視自己的邏輯，建構出一套自己的投資哲學之後，堅持執行之，並定期檢討修正再進步，相信你也可以打造屬於自己的投資方式，引領你朝財務自由的方向前進。

不需要與他人比較，因為你是獨一無二的存在。不需要很厲害才開始做，而是開始做才會看到希望，才有機會變得很厲害。

想，都是問題；做，才有答案。

祝福大家都能在自己的時區上，安然抵達財務自由的境地。

附錄：投資理財推薦書單

新手理財書單

書名
小狗錢錢 1+2
賺錢，也賺幸福
有錢人跟你想的不一樣
思考致富
窮爸爸，富爸爸
用心於不交易
我的職業是股東
投資的絕對原則
持續買進
一如既往
高效原力
一流的人如何保持顛峰
成功，從聚焦一件事開始：不流失專注力的減法原則
巴比倫致富聖經（漫畫版）
全方位理財的第一堂課
華爾街操盤手給年輕人的 15 堂理財課

書名
你沒有學到的資產配置
慢飆股：台積電的啟示錄
世界越亂你越賺
股息 COVER 我每一天：600 張存股達人絕活全公開
流浪教師存零股存到 2000 萬
漫步股市：給存股族的 12 道心法
給存股族的 ETF 實驗筆記
6 年存到 300 張股票（陳重銘老師系列）
一年投資五分鐘
我 45 歲學存股，股利年領 200 萬： 投資晚鳥退休教師教你「咖啡園存股法」，讓股市變成你的搖錢樹
股海老牛最新抱緊名單系列
巴菲特雪球投資術（漫畫）
彼得林區十倍選股術（漫畫）
巴菲特選股神功（漫畫版）
複利效應
原子習慣

經典必讀書單

書名
智慧型股票投資人
非常潛力股
漫步華爾街
雪球巴菲特傳
巴菲特寫給股東的信
巴菲特的投資原則
彼得林區選股戰略套書（三本）
窮查理的普通常識
窮查理的智慧語錄
蒙格之道
蒙格智慧：巴菲特傳奇合夥人的投資人生
巴菲特投資好公司的九大原則
巴菲特的勝券在握之道
波克夏大學
投資最重要的事
掌握市場週期

書名
約翰・聶夫談投資
複利的喜悅
護城河優勢
股市真規則
科技股的價值投資法
向十二位大師學投資
堅持不懈：指數基金之父約翰・柏格
約翰柏格投資常識
超越大盤的獲利公式
下重注的本事
檢查清單：不犯錯的祕密武器
平衡心態
更富有、更睿智、更快樂：投資大師奉行的致富金律
投資前最重要的事
納瓦爾寶典

財報相關書籍

書名
大會計師教你從財報數字看懂經營本質
大會計師教你從財報數字看懂產業本質
存股族的財報選股術
財務自由的世界 - 財務分析就是一場投資的戰爭
財務自由的講堂 - 財務報表是投資的偉大航道
壽司幹嘛轉來轉去（套書）

股息流

跟著Ryan爸爸穩健存股,你也可以存破千萬

── 出版發行 ──

橙實文化有限公司 CHENG SHI Publishing Co., Ltd
粉絲團 https://www.facebook.com/OrangeStylish/
MAIL: orangestylish@gmail.com

作　　者　　Ryan爸爸
總 編 輯　　于筱芬　　　　CAROL YU, Editor-in-Chief
副總編輯　　謝穎昇　　　　EASON HSIEH, Deputy Editor-in-Chief
業務經理　　陳順龍　　　　SHUNLONG CHEN, Sales Manager
美術設計　　點點設計×楊雅期
製版／印刷／裝訂　皇甫彩藝印刷股份有限公司

── 編輯中心 ──

ADD／桃園市中壢區永昌路147號2樓
2F., No. 147, Yongchang Rd., Zhongli Dist., Taoyuan City 320014, Taiwan (R.O.C.)
TEL／(886)3-381-1618　FAX／(886)3-381-1620

── 經銷商 ──

聯合發行股份有限公司
ADD／新北市新店區寶橋路235巷弄6弄6號2樓
TEL／(886)2-2917-8022　FAX／(886)2-2915-8614

初版日期 2024年10月・二版二刷 2024年11月